로마서에서 제시된 **구원과 성화**

세계복음화문제연구소
(The World Evangelization Research Center)는
한국 교회가 세계 복음화를 위하여
한 모퉁이를 담당해야 한다는 사명으로 사역하고 있습니다.

이 도서에 실린 모든 내용은
세계복음화문제연구소의 **도서출판 세 복**이 출판권자이므로,
학문적 논문의 인용을 제외하고는
본 연구소의 동의 없이 복제할 수 없습니다.

로마서에서 제시된 구원과 성화

지 은 이   홍 성 철
발 행 인   홍 성 철
초판 1쇄   2019년 08월 26일

발 행 처   도서출판 세 복
주   소   경기도 파주시 문발로 123
전   화   070-4069-5562
홈페이지   http://www.saebok.net
E-mail   werchelper@hanmail.net
등록번호   제1-1800호 (1994년 10월 29일)

총 판 처   솔라피데출판유통
전   화   031-992-8691
팩   스   031-955-4433

ISBN 978-89-6334-032-6 03230
값 13,000원

ⓒ **도서출판 세 복** 2019

이 도서의 국립중앙도서관 출판예정도서목록(CIP)은
서지정보유통지원시스템 홈페이지(http://seoji.nl.go.kr)와
국가자료종합목록 구축시스템(http://kolis-net.nl.go.kr)에서
이용하실 수 있습니다.

(CIP제어번호 : CIP2019030561)

Salvation & Sanctification Put Forth
in the Book of Romans

로마서에서 제시된
구원과 성화

홍 성 철
John Sungchul Hong

Salvation & Sanctification Put Forth in the Book of Romans

John Sungchul Hong

Published in Korea

Copyright© 2019 Saebok Publishing House

All rights reserved.

Seoul, KOREA

홍성철(John Sungchul Hong) 목사의 저서

국어
- 『고난 중에도 기뻐하라』 (빌립보서 강해)
- 『눈물로 빚어 낸 기쁨』 (룻기 강해)
- 『복음을 전하세 복음전도의 성경적 근거』
- 『불타는 전도자 존 웨슬리』
- 『성령으로 난 사람』 (요한복음 3장 1–16절 강해)
- 『십자가의 도』
- 『우리에게 일용할 양식을 주소서』 (주기도문 강해)
- 『유대인의 절기와 예수 그리스도』
- 『이렇게 예수 그리스도의 제자가 되자』
- 『절하며 경배하세』
- 『주님의 지상명령 성경적 의미와 적용』
- 『하나님의 사람들』 (마태복음 1장 1절 강해)
- 『현대인을 위한 복음전도의 성경적 모델』
- 『성령의 시대로! 오순절★복음★교제』 (사도행전 2장 강해)
- 『전도학 개론』
- 『기독교의 8가지 핵심진리』
- 『진흙 속에서 피어난 백합화』 (룻기 강해)
- 『회개하라! 천국이 가까이 왔느니라』 (마태복음 3–4장 강해)
- 『다니엘의 역설적인 인생』
- 『더 북』
- 『기독교 신앙에 대한 질의응답 50』
- 『거룩한 삶, 사랑의 삶』 (요한일서 강해)
- 『로마서에서 제시된 구원과 성화』

영어
- *Born of the Spirit* (Emeth Press)
- *John Wesley the Evangelist* (Emeth Press)
- *The Great Commission: Its Biblical Meaning and Application* (Evening Star Enterprise, Inc.)
- *The Genealogy of Jesus Christ: Evangelistic Sermon on the Covenant from Matthew 1:1* (Emeth Press)
- *The Jewish Festivals and Jesus Christ* (Emeth Press)

편저
- 『나는 어떻게 예수님을 만났는가?』
- 『회심 거듭남의 의미와 적용』
- 『복음주의 실천신학개론』
- 『전도학』
- 『선교세계』
- 『불교권의 선교신학과 방법』
- *How I Met Jesus*

번역서
- 『주님의 전도계획』 외 30권의 기독교 서적

Contents

추천사   12

서문   14

1. 로마서의 배경 ---------------------------- 21

2. 로마서의 개요 ---------------------------- 27

3. 서론 -- 33

     1) 인사   38

         (1) 바울   40

         (2) 하나님의 아들   41

         (3) 부르심   44

         (4) 믿음과 순종   46

     2) 감사와 기도   47

         (1) 감사   48

         (2) 기도   50

     3) 기도의 이유와 주제   52

         (1) 기도의 이유   52

(2) 구원　　　　　　　　　　　　53

(3) 하나님의 의　　　　　　　　55

4. 죄론 ------------------------------------- 61

1) 비도덕인　　　　　　　　　65

2) 도덕인　　　　　　　　　　72

3) 종교인　　　　　　　　　　79

4) 죄론의 결론　　　　　　　　87

5. 구원론 ----------------------------------- 93

1) 죽음　　　　　　　　　　　96

2) 믿음　　　　　　　　　　　111

(1) 믿음은 행위가 아니다　　113

(2) 믿음은 할례가 아니다　　117

(3) 믿음은 율법이 아니다　　120

(4) 아브라함의 믿음　　　　123

3) 구원　　　　　　　　　　　128

(1) 주관적 확신　　　　　　130

(2) 객관적 확신　　　　　　134

(3) 삼중적 구원　　　　　　138

Contents

    a. 중생   138

    b. 재림   141

    c. 성화   141

6. 성화론   145

  1) 구원의 선물   147

  2) 성화론의 개요   151

    (1) 원죄   151

    (2) 자아   153

    (3) 율법과 계명   154

    (4) 육신   154

  3) 성화의 종류   155

  4) 성화의 첫 단계: 원죄의 해결   161

    (1) 원죄   162

    (2) 사망   163

    (3) 전가   164

    (4) 모형   166

    (5) 마지막 아담   167

(6) 원죄의 폐기   168

(7) 전가   170

5) 성화의 둘째 단계: 자아의 해결   172

(1) 죽음   172

(2) 동일시   174

(3) 연합   176

(4) '여김'   177

(5) 선택   179

6) 성화의 셋째 단계: 율법과 계명의 해결   183

(1) 법의 종류   183

(2) 남편과 아내   184

(3) 율법   186

(4) 계명   188

(5) 경험에 의한 깨달음   193

(6) 궁극적 승리   197

7) 성화의 넷째 단계: 육신의 해결   199

(1) 육신   199

(2) 성결의 근거   202

(3) 육신과 성령   204

Contents

(4) 특권과 책임   206

(5) 장래의 영광   209

    a. 피조물의 기대   211

    b. 기도를 도우시는 성령   212

    c. 그리스도인의 영화   213

    d. 고난 중의 확신   215

7. 마무리 -- 219

미주   229

도해

    1. 로마서 개요   29

    2. 서론의 개요   35

    3. 인사의 도해   38

    4. 구원의 도해   54

    5. 하나님의 의   56

    6. '믿음으로 믿음에'   59

7. 죄론의 도해   63

8. 배반의 과정   71

9. 인간의 타락상   89

10. 구원론의 개요   96

11. 성막   105

12. 속량과 화목제물   106

13. 율법의 유익   111

14. 아브라함의 생애   113

15. 주관적 확신   131

16. 구원의 확신   134

17. 삼중적 구원   143

18. 말세   149

19. 죄성의 유래   152

20. 성화의 단계   158

21. 십자가의 효능   170

22. 선과 악의 싸움   197

부록: 질문   233

참고도서   245

신구약 66권 중에 가장 많이 다루어진 책은 요한계시록일 것입니다. 가장 어려운 책이기 때문일 것입니다. 그러나 로마서는 대다수의 성도들이 잘 알고 있다고 생각하는 책입니다. 그럼에도 불구하고 생각보다 어려우며 중요한 책입니다. 분명한 복음을 위해서 기치를 들었던 프로테스탄트가 500년을 지나는 현시점에서 그 복음의 빛이 흐릿해지고 바래지는 현상이 있기 때문입니다.

본서의 저자는 일생동안 로마서를 중심으로 성경을 천착한 복음주의자입니다. 그의 손을 거쳐서 세상에 나온 책이 무려 65권이나 됩니다. 전 세계를 다니시면서 때론 교계 목회자들 앞에서, 때론 신학대학 강단에서 학생들과 교수들 앞에서, 때론 교회에서 일반 성도들을 상대로, 때론 선교대회에서 부르짖은 로마서 세미나만도 100회를 넘나듭니다. 그러나 아직까지도 저자는 로마서에 관한 저서를 탈고하지 못했습니다. 그만큼 로마서라는 책이 무거운 부담을 주는 책이었기 때문이라고 봅니다.

근 팔십의 원숙함에 이르러서야 로마서를 세상에 내어놓으신 그 겸손과 복음의 빛으로 돌아가야만 하는 절박한 기독교계를 위한 결단에 박수를 보내드리지 않을 수 없습니다. 광야의 소리가 되어 흩어지고 마는 것으로 끝낼 수는 없다는 주님의 격려 속에 결단하였습니다. 특히 저자는 자신의 신학적 깊이를 가능한 한 드러내지 않고 일반 성도들이 쉽게 이해할 수 있는 길을 선택하였습니다. 그동안 저자는 성경 단 한 절의 가치가 얼마나 위대한지, 단 한 장의 성경이 얼마나 방대한지를 우리에게 보여줘 왔습니다만 이번에는 그의 이러한 장점을 접어두고 새로운 시도를 하였습니다. 한 절 한 절을 설명해 나가는 주해식 접근을 지양하고 몇 절을 묶어서 설명해 나감으로 로마서 전체를 보다 쉽고 광범위하게 이해할 수 있도록 독자친화적인 방법으로 저술하였습니다.

나는 신대원 시절에 수요일 오후 성경공부반에서 저자를 모시고 로마서를 공부했던 순간을 결코 잊을 수 없습니다. 그리고 그 감격을 목회 말년에 성도들과 함께 누리고 싶다는 열망으로 지난 2년간 저자를 모시고 로마서 사경회를 년 2회 시리즈로 개최하였습니다. 개인적으로 저자의 로마서가 나의 목회 일생의 알파와 오메가가 되었다고 해도 지나침이 없습니다.

이러한 소중한 경험을 한국교회와 함께 공유하게 되니 참으로 감사할 뿐입니다. 저의 행복이 이 저서를 손에 넣는 분들 가운데에도 흘러넘칠 줄을 확신합니다.

노 영 근 목사
대전태평교회 담임목사

서 문

　　신약성경의 출애굽기라고 불리는 로마서는 많은 사람들을 영적으로 출애굽시킨 능력의 책이다. 이스라엘 백성이 애굽에서 오랫동안 종의 굴레에 허덕이다 마침내 하나님의 능력으로 출애굽한 사건은 너무나 잘 알려진 역사이다. 그 역사는 애굽이라는 한정된 장소에서 그리고 특정한 시대에 일어난 제한적인 사건이었다. 그런데 장소와 시대를 초월하여 죄의 굴레에서 허덕이던 수많은 사람들을 건져낸 책이 바로 로마서이다.

　필자는 이처럼 큰 능력이 내재된 로마서에 사로잡힌 적이 있었다. 새벽에 그리고 낮에 로마서를 탐독하였다. 그러던 중 군종사병 훈련이라는 중책을 맡은 적이 있었다. 한 번에 50명씩 서울로 초청하여 4박 5일간 집중훈련을 시키는 프로그램이었다. 그것도 몇 번만 한 것이 아니라 자그마치 60회나 지속되어 모두 3,000여명이나 되었다. 육군 군종감과 육군 참모총장의 허락 없이는 불가능했던 사역이었다.

　그때 필자가 택한 성경은 로마서였다. 처음엔 군종사병을 배려해서 하루에 한 시간만 강의를 했는데, 그들의 요청으로 하루에 세 시간씩 가르치게 되었다. 그 훈련기간 중 구원의 확신을 얻은 군종병의 수는 참으로 많았다. 그런데 성령의 역사임에 틀림없는 일들이 일어났다. 많은 군종병이 그들의 죄를 눈물로 고백했고, 그리고 주님에게 그들의 생애를 헌신한 수도 참으로 많았다.

필자는 그 후 로마서에 더욱 깊이 매료되었다. 많은 집회에서 로마서를 설교하고 가르쳤다. 이상하게도 청년은 물론 소년과 장년, 그리고 노년에 이르기까지 그 가르침에 빠져든 사람들이 다양했다. 학문의 배경과도 상관없는 폭발적인 반응을 일으켰다. 서울신학대학교 대학원과 애스베리신학교Asbury Theological Seminary에서도 로마서를 가르쳤는데, 그때마다 로마서의 위력을 맛보는 은혜의 시간이었다.

로마서를 문서화해달라는 요청을 많이 받았지만, 그때마다 부족을 절감한 저자는 감히 엄두를 내지 못했다. 그러던 중 최근에 대전 태평성결교회에서 로마서를 주제로 부흥회를 연속해서 3회 인도하게 되었다. 물론 하나님의 은혜이며 동시에 담임인 노영근 목사의 깊은 배려 때문에 가능했다. 그 기간에 로마서 1~8장까지를 가르쳤는데, 성도들의 반응도 좋았지만, 무엇보다도 필자가 로마서를 문서화해야 된다는 마음을 갖게 된 계기가 되었다.

로마서만큼 죄를 날카롭게 파헤친 책은 없다! 그렇게 사람들을 죄의식 속으로 깊이 몰고 간 후, 로마서는 복음도 명쾌하면서도 심도 깊게 전한다. 그런 전개를 통하여 구원의 초청을 거부하기란 거의 불가능할 정도였다. 그렇다! 이런 복음제시야말로 현재의 한국교계에 필요한 것은 아닌가? 죄와 회개를 전하지 않는다면 어떻게 죄인이 그리스도 앞으로 인도되어 구원을 받게 할 수 있단 말인가?

로마서는 구원의 메시지에 그치지 않고 성화를 깊이 제시한다. 왜냐하면 구원받은 그리스도인이라면 당연히 변화된 삶을 영위해야 하기 때문이다. 그렇게 성화를 유지할 뿐 아니라, 갈수록 깊은 성화로 승화되어야 하지 않겠는가? 그렇게 성화되는 것이 당연한 것은 구원받은 그리스도인의 삶에 성령이 내주하시기 때문이다. 그리스도인의 결단과 성령의 도우심이 합하여 만들어내는 작품이 곧 성화이다.

한국교회는 거의 처음부터 부흥을 경험하여 부흥으로 이어진 역사로 유명하다. 그런데 현금에 와서 많은 교계의 지도자들이 각종의 스캔들에 휩싸여 있다는 소식이 들린다. 지도자들이 그럴진대 다른 그리스도인들이야 두말할 필요가 없을 정도이다. 그런 교계가 필요한 것은 영적 부흥을 통한 성화이다. 다시 거룩하게 되지 않으면, 세상으로부터 거의 버림받은 유럽의 교회처럼 되지 않는다는 보장도 없다.

그렇다! 로마서에서 제시된 성화의 가르침을 다시 교계가 받아들여야 할 때가 도래했다. 하나님은 지금까지 한국교회를 지극히 사랑하셔서 긍휼에 긍휼을 보여주셨다. 그런 긍휼을 당연하게 여기지 말고, 한국교회는 다시 하나님이 기획하신 본래의 모습으로 돌아가야 할 것이다. 그 모습이 바로 성화이며, 거룩한 삶이다. 지금이야말로 바울 사도를 통하여 로마서에서 제시한 성화의 절차를 밟기 시작해야 할 것이다.

그런 절박한 심정으로 이번에는 로마서 1~8장까지만 문서화하여 세상에 내놓는다. 그 뒤에 나오는 하나님이 일구시는 구원의 역사歷史와 윤리도 물론 말할 수 없이 중요하다. 그러나 기독교 윤리의 바탕은 구원과 성화이다. 구원과 성화를 깔지 않은 윤리는 다른 종교의 윤리와 큰 차이가 없다. 기독교의 윤리가 위대한 것은 그리스도의 구속적 죽음과 성령의 역사 때문이다. 구원과 성화를 깊이 체험한 그리스도인은 자연스럽게 그 윤리를 나타낸다.

　그런 이유 때문에 본서에서는 구원과 성화만을 제시한다. 그것만이라도 옳게 깨닫고 실천에 옮긴다면 하나님이 그처럼 사랑하시는 한국교회는 다시 부흥을 되찾을 수 있을 것이며, 청년들과 어린이들로 가득하게 될 것이다. 한발 더 나아가서, 다시 세상으로부터 따사한 눈길을 받게 될 것이다. 문명의 이기와 경제적인 부유를 누리는 세상은 심적으로 너무나 고갈되어 있어서 누군가가 손을 내밀어 끌어줄 것을 기다리고 있다.

　『로마서에서 제시된 구원과 성화』는 주석이나 석의가 아니다. 그렇다고 강해설교도 아니다. 물론 로마서의 내용이 주제이다. 그러나 이 저서의 흐름은 제목을 설정하고 로마서를 본문으로 풀어간다. 그런 이유 때문에 로마서의 분해도 구원과 성화라는 큰 주제에 따랐다. 예를 들면, 죄론에서 죄인을 비도덕인, 도덕인, 종교인으로 분류하여 이 세상에 있는 모든 사람을 포괄하려고 하였다.

성화론에서도 원죄, 자아, 율법과 계명 및 육신이라는 제목을 설정하고, 그 제목에 따라 다루려고 하였다. 그런 이유 때문에 본서는 이미 존재하고 있는 수많은 로마서에 관한 저술과는 접근법이 다소 다르다고 할 수 있다. 그렇게 함으로 필자는 로마서의 전반부, 곧 1~8장의 내용이 집중적으로 구원과 성화라는 사실을 강조하려 했다. 만일 이 저술이 다른 로마서와 차이가 없다면 무엇 때문에 세상에 내놓겠는가?

『로마서에서 제시된 구원과 성화』에서 두 가지가 추가되었는데, 하나는 도해이고 또 하나는 부록이다. 도해를 22개나 삽입한 것은 독자의 이해를 돕기 위해서인데, 이미 설명된 내용도 도해를 통해 그 내용이 각인될 수 있기 때문이다. 그리고 부록 12를 첨가한 것은 로마서를 읽고 그 내용을 주제별로 다시 확인하고 싶을 때나 아니면 소그룹으로 토의할 때 길잡이가 되기 위해서이다.

필자는 그가 그처럼 사랑하는 로마서를 집필하는 동안 여러모로 부족하다는 사실을 알게 되었다. 그런 이유 때문에 이 저서의 모든 약점은 온전히 필자의 몫이라는 것을 밝혀둔다. 그럼에도 불구하고 주님이 강권하신 이유 중 하나는 한국교회가 다시 회개의 복음을 심도 깊게 전할 뿐 아니라, 다시 거룩한 삶으로 돌아와서 성화의 능력을 전하게 하기 위함일 것이다. 그리고 그 목적이 조금이라도 이루어진다면 감사할 뿐이다.

이 저술을 출판하면서 "세계복음화문제연구소"의 이사들이 재정적인 도움을 주셨다. 그분들의 도움이 아니었다면 이 저술은 빛을 보지 못했을 것이다. 특히 노영근 이사님은 기쁨으로 추천사를 보내주셨다. 그분들에게 깊이 감사한다. 또한 이 저술의 출판을 위해 애써주신 솔라피데출판사 대표인 이원우 사장에게도 감사한다. 마지막으로, 필자로 로마서에 빠지게 하셨고, 전하게 하셨고, 문자화하도록 인도하신 주님에게 감사를 올린다.

주후 2019년

홍 성 철

1. 로마서의 배경

어거스틴^{Augustine}의 회심은 너무나 유명하다. 극한 방탕과 이단에 깊이 빠져서 몸부림치고 있던 그에게 들려온 아이들의 노래는 단순했다: "집어서 읽어라, 집어서 읽어라!"^{tolle lege}. 그가 즉시 성경을 집어서 읽었는데, 그 내용은 이렇다: "낮에와 같이 단정히 행하고 방탕하거나 술 취하지 말며 음란하거나 호색하지 말며 다투거나 시기하지 말고, 오직 주 예수 그리스도로 옷 입고 정욕을 위하여 육신의 일을 도모하지 말라" (롬 13:13-14).

이 로마서의 말씀은 어거스틴을 즉각적으로 변화시켰다. 죄인^{sinner}이었던 그는 성자^{saint}가 되어 기독교의 많은 진리를 저술했고, 그리고 어떤 사람 못지않게 크고도 깊은 영향을 기독교 세계에 끼쳤다. 어거스틴을 변화시킨 로마서는 참으로 위대한 성경임에 틀림없다. 그런데 로마서는 어거스틴만을 변화시킨 것이 아니다. 수많은 사람들이 로마서의 말씀을 통하여 회심을 경험했다.

그 가운데 존 웨슬리^{John Wesley}도 있다. 그는 어거스틴과는 달리 방탕과 이단에 연루되지 않았다. 오히려 다른 사람들을 영적으로 지도하는 목사요, 교수이며, 선교사였다. 그런데, 그의 선교사역은 완전 실패와 패배로 점철되었다. 그는 선교지를 떠나 귀국하는 중 일기에 이렇게 기록하였다: "나는 인디언들을 회심시키려고 미국엘 갔지만, 누가 나를 회심시키겠는가?" 그의 절규가 해결된 회심의 순간이 마침내 어느 수요예배에서 찾아왔다.

그날 저녁 누군가가 마르틴 루터Martin Luther의 로마서 서론을 읽으면서 하나님이 일구시는 마음의 변화를 묘사할 때, 웨슬리는 "마음이 이상하게 뜨거워지면서, 나도 나의 구원을 위하여 그리스도만을 신뢰한다고 느꼈다"고 기술했다. 특히 로마서 1장 17절에 제시된 '믿음을 통한 칭의'에 대한 묘사는 웨슬리의 삶을 완전히 바꾸어놓았다. 그도 어거스틴처럼 로마서를 통하여 회심을 경험했다. 그리고 그가 세상에 끼친 영향도 어거스틴처럼 컸다.

이처럼 영향력을 지닌 로마서를 저술한 사람은 바울 사도였는데, 그의 속기사였던 더디오로 하여금 기록하게 하였다 (롬 16:22). 바울 사도는 겐그레아 항구에 인접한 고린도에서 머물면서 이처럼 거대한 로마서를 기록하였다 (롬 16:1). 로마서가 기록된 시기는 바울 사도가 그 지역에서 석 달간 머문 기간이었을 것이다 (행 20:2-3). 그런 상황에 비추어볼 때 정확하지는 않지만, 그래도 그가 로마서를 저술한 때는 주후 50년대 후반일 것이다.

지금까지 바울 사도는 3차의 전도 여행을 통하여 광범위한 지역에서 많은 교회를 세웠다. 이제 그는 아직까지 가보지 못한 스페인에서도 전도하기를 원했다. 그의 말을 직접 들어보자, "이제는 이 지방에 일할 곳이 없고 또 여러 해 전부터 언제든지 서바나로 갈 때에 너희에게 가기를 바라고 있었으니, 이는 지나가는 길에 너희를 보고 먼저 너희와 사귐으로 얼마간 기쁨을 가진 후에 너희가 그리로 보내주기를 바람이라" (롬 15:23-24).

바울 사도는 스페인으로 가는 길에 로마를 들러서 거기에 있는 성도들과 교제를 나누기를 원했다. 비록 그가 로마에 가서 전도를 한 적은 없지만, 그곳에는 이미 유대인과 이방인으로 구성된 교회가 있었다. 바울 사도는 그들에게 은사를 나누어주고, 서로 위로도 하며, 그들이 풍성한 전도의 열매를 맺도록 돕고 싶었다 (롬 1:11-13). 그뿐 아니라, 그는 그들의 재정적인 도움을 받아서 스페인으로 가기를 원하였다 (롬 15:24).

로마의 성도들이 전도의 열매를 맺으려면 복음의 진수를 더 잘 알아야 한다. 그런 이유 때문에 바울 사도는 로마서에서 복음의 핵심을 차례로 설명하였다. 범죄와 심판 (1:18-3:20), 은혜와 용서 (3:21-5:11) 및 죄성과 성령 (5:12-8:39)에 대하여 상당히 세밀하게 그리고 점진적으로 제시하였다. 물론 로마의 성도들도 반드시 숙지熟知해야 할 내용이었다. 그리할 때 그들은 주변의 이방인들에게 복음을 이해하기 쉽게 제시할 수 있기 때문이었다.

바울 사도는 로마에서 쫓겨 온 아굴라와 브리스길라를 통하여 로마 교회의 영적 상황을 알게 되었는데, 곧 유대인 성도와 이방인 성도 간에 갈등이 있다는 사실이었다 (행 18:2). 바울 사도는 그 문제를 해결하기 위하여 로마서에서 유대인과 이방인의 관계를 역사적인 측면에서 다룰 뿐 아니라 (9-11), 목회적인 측면에서도 제시하였다 (14-15). 역사적인 측면에서 볼 때 유대인은 나무의 뿌리이고 이방인은 가지였다.

그런 이유 때문에 비록 한 나무에 붙어 있지만, 그래도 다수인 이방인 성도는 소수인 유대인 성도를 존귀하게 여겨야 한다. 뿐만 아니라 유대인 성도도 뿌리라고 교만하지 말고 구체적으로 열매를 맺는 가지들을 귀하게 여겨야 한다. 그리할 때 그 나무는 내적으로 강건해질 뿐 아니라, 외적으로 모진 박해를 이겨내기도 하며, 동시에 전도의 열매도 맺을 수 있다. 그렇게 되면 두말할 필요도 없이 하나님이 영광을 받으시게 될 것이다.

목회적인 측면에서도 마찬가지이다! 유대인 성도는 특정한 절기와 날짜를 중요하게 여기나, 이방인 성도는 그렇지 않다. 그들은 서로의 다름을 수용해야 한다. 또한 유대인 성도는 음식을 까다롭게 구별하는데, 그것도 신앙의 표현이기에 수용해야 한다. 이처럼 교회가 서로를 받아줄 때 아래로는 평안하며, 위로는 교회의 머리 되신 예수 그리스도에게 기쁨이 될 것이다. 그들이 이처럼 하나가 될 때 하나님의 나라가 확장될 것이다.

2. 로마서의 개요

로마서는 크게 세 부분으로 나뉘는데, 서론과 본론과 결론이다. 그리고 두말할 필요도 없이 가장 중요한 부분은 본론이다. 본론은 크게 다섯 부분으로 나뉘는데, 다음과 같다: (1) 죄, (2) 구원, (3) 성화, (4) 주권, (5) 섬김. 이런 개요를 도표로 만들면 다음과 같다:

서론 (1:1-17)	본론 (1:18-15:13)					결론 (15:14-16:27)
프롤로그 (prologue)	1:18-3:20	죄 (sin)	하나님의 거룩 (holiness)	인간 (Human)	죄의 종 (servant of sin)	에필로그 (epilogue)
	3:21-5:11	구원 (salvation)	하나님의 은혜 (grace)	그리스도 (Christ)	그리스도의 종 (servant of Christ)	
	5:12-8:39	성화 (sanctifi-cation)	하나님의 능력 (power)	성령 (Holy Spirit)	성령의 종 (servant of Holy Spirit)	
	9:1-11:36	주권 (sover-eignty)	하나님의 선택 (election)	하나님 (God)	하나님의 종 (servant of God)	
	12:1-15:13	섬김 (service)	하나님의 영광 (glory)	교회 (Church)	사람의 종 (servant of man)	

위의 내용을 좀 더 설명해보자. 먼저, 다섯 가지 제목은 모두 영어로는 s로 시작한다. 그다음, 그 제목을 모두 하나님과 연관시킬 수 있다. 거룩하신 하나님에게 숨겨질 죄는 있을 수 없다. 그러나 그 하나님은 은혜를 베푸시어 죄인을 구원하실 뿐 아니라, 그 능력으로 성화시키시며, 하나님의 절대적인 뜻에 굴복하게 하신다. 그 결과 성도는 다른 사람들을 섬김으로 하나님이 모든 영광을 받으신다.

물론 로마서는 조직신학을 소개한 성경이 아니다. 그럼에도 불구하고 바울 사도는 로마서에서 인간, 그리스도, 성령, 하나님 및 교회에 대하여 차례로 풀어간다. 이 제목들을 종에 대입하여 접근할 수도 있다. 죄를 짓고 사는 죄인은 두말할 필요도 없이 죄의 종이다. 죄인은 결코 죄의 굴레에서 스스로 벗어날 수 없다. 죄가 이끄는 대로 끌려다니면서 마침내 그는 피할 수 없는 심판을 받게 될 것이다.

그렇게 죄에게 끌려다니던 죄인이 예수 그리스도를 통하여 죄에서 벗어나 자유를 누리게 된다. 그는 새로운 주인을 모신 그리스도의 종이 된 것이다. 한발 더 나아가서 그는 그 안에 내재하시는 성령의 도움을 받기 시작한다. 성령의 임재와 충만을 통하여 그를 괴롭히던 죄의 속성을 극복하는 자리로 들어갈 수 있다. 그는 성령에 이끌리는 성령의 종이 되어가는 것이다.

그러면서 그의 삶에 무슨 일이 일어나든 하나님의 뜻 가운데서 이루어진 것을 받아들이게 된다. 새로운 차원에서 하나님의 종이 된 것이다. 그런데 하나님의 종이란 구체적으로 무엇을 뜻하는가? 그것은 사람의 종이 되는 것을 뜻한다. 사람은 하나님의 형상으로 지음을 받은 존귀한 존재이다. 그뿐 아니라, 그를 위하여 예수 그리스도가 십자가에서 죽으셨고, 또 성령이 내재하시는 성령의 전이다.

얼마나 존귀한 사람인가! 그런 사람을 섬기는 사람의 종이 되는 것이다. 다시 말해서, 사람을 섬기는 것이 바로 하나님을 섬기는 것이다. 보이지 않는 하나님을 섬기는 것을 어떻게 알 수 있는가? 하나님의 형상대로 지음을 받은 사람을 섬기는 것으로 알 수 있다. 그리스도인이 이처럼 사람을 섬길 때 그에게도 충족감이 생기며, 섬김을 받는 사람이 하나님을 그만큼 깊이 알아가며, 하나님도 영광을 받으신다.

로마서를 저술한 바울 사도의 간증을 들어보자, "우리는 우리를 전파하는 것이 아니라. 오직 그리스도 예수의 주 되신 것과 또 예수를 위하여 우리가 너희의 종 된 것을 전파함이라"(고후 4:5). 바울 사도가 고린도 교인들의 종이라는 선포이다! 하나님을 깊이 안 사람이 할 수 있는 간증이요 삶이다! 그렇다! 바울 사도가 로마서를 저술한 가장 중요한 목적은 로마의 그리스도인들이 서로에게 종노릇을 하게 하기 위함이었다.

바울 사도는 로마서를 통하여 하나님을 멀리하는 죄인이 어떻게 구원을 받을지 상세히 전하면서 복음을 제시한다. 그러나 그 복음은 거기에서 끝나지 않고 신앙생활로 연결되어야 되는 사실도 포함시킨다. 그렇다! 과거에 경험한 영적 구원은 현재의 생활의 구원으로 이어져야 한다. 그렇지 않다면 어떻게 진정으로 영적 구원이 일어났는지 알 수 있겠는가? 그뿐 아니라, 미래의 구원을 어떻게 보장하겠는가?

이처럼 예수 그리스도를 통한 과거의 영적 구원도 제법 상세히 기록했을 뿐 아니라, 그 구원이 현재로 연결되지 않으면 안 된다는 사실을 이처럼 순서대로 기술한 성경은 거의 없을 것이다. 그뿐 아니라, 현재의 삶에서 성령과 더불어 승리를 누릴 수 있는 길을 이처럼 자세하게 제시해준 성경은 어디에서 찾을 수 있겠는가? 오직 로마서에서만 찾을 수 있다! 로마서를 교회에게 선물로 주신 하나님에게 감사의 찬양을 올리자!

3. 서론

로마서 1장 1-17절은 서론에 해당된다. 비록 서론은 17절밖에 되지 않지만, 그 내용에서는 광범위한 로마서의 본론 못지않게 중요한 내용을 담고 있다. 실제로 서론이 함축하고 있는 내용을 제대로 파악하면 본론의 내용과 흐름을 깨우치게 해주는 열쇠가 될 수 있다. 왜냐하면 그 짧은 서론이 함축하고 있는 내용은 상당히 심오하기 때문이다. 우선, 서론을 도표로 만들어보자:

구절	제목
1-7	인사
8	감사
9-13	기도와 목적
14-17	기도의 이유와 주제

위의 도표가 보여주듯, 서론은 네 부분으로 나뉜다. 제목을 보면 너무나 분명하게 편지의 형태를 취한다. 바울 사도는 만나본 적이 없는 로마 교인들에게 편지를 쓰면서, 자신을 소개하며 인사한다.

자신을 소개하지 않는다면 십중팔구 로마 교인들은 그 편지를 무겁게 받아들이지 않았을 것이다. 그렇게 소개를 마친 후 인사를 건네면서 동시에 그들에 대한 감사를 표시한다.

그렇게 감사한 후, 바울 사도는 그들을 위하여 끊임없이 기도하고 있다는 사실을 알려준다. 특히 그의 구체적인 기도 제목은 그들을 만나게 해달라는 것이다. 왜 바울 사도는 그들을 그처럼 간절히 만나기를 원했는가? 그 목적은 세 가지인데, 곧 은사와 안위와 열매를 위한 것이다. 은사는 위에서 성령이 주시는 선물이며, 안위는 바울 사도가 그들과 교제하면서 위로도 해주고 또 위로도 받겠다는 것이다.

열매는 두말할 필요도 없이 전도의 열매이다. 이 세 가지 목적을 좀 더 살펴보면, 은사는 성령으로부터 받는 종적인 선물을 강조하며, 안위는 그리스도 안에서 형제들이 서로 나누는 횡적 교제를 강조한다. 이방인들 가운데서 맺는 열매는 세상에서 사는 동안 세상에 사는 사람들로 하여금 예수 그리스도를 영접하게 하겠다는 것이다. 다시 말해서, 이 세 가지 목적은 주님과의 관계, 상호 간의 관계 및 세상과의 관계를 강조하는 신앙생활 전체를 망라한다.

마지막으로 바울 사도는 기도하는 이유를 밝히면서 로마서의 주제도 발표한다. 이 주제에는 엄청난 단어들이 들어있는데, 곧 복음, 구원, 하나님의 의 및 믿음 등이다. 이 단어들을 한마디로 요약하면, 하나님의 의義가 복음을 통하여 믿음으로 구원받은 그리스도인에게 전가轉嫁되어, 죄인이던 그가 의롭다 하심을 얻어 의인義人이 된다는 것이다. 죄인이 하나님처럼 의로워졌다고 인정을 받는다는 것인데, 곧 의인義認 또는 칭의稱義라고도 한다.

이것보다 큰 복된 소식은 있을 수 없다. 그런 이유 때문에 바울 사도는 이처럼 짧은 서론에서 '복음'이란 단어를 일곱 번이나 사용했다. 하나님이 죄인에게 주시는 완전한 복음이기에 완전 수인 7을 사용했다. 그런데 그 복음이 아무리 좋아도 죄인이 믿음으로 받아들일 때만 그의 것이 된다. 그런 이유 때문에 바울 사도는 의도적으로 '믿음'도 7번 사용했다. 한마디로 말해서, 완전한 복음을 받아들인 죄인의 믿음도 완전하다는 것이다.

로마서에는 '복음'이란 단어가 15번 나온다. 바울 사도가 어떻게 복음이란 단어를 로마서에서 사용했는지 알아보자. 복음의 시작은 물론 하나님이기에 '하나님의 복음'이라고 한다 (1:1). 하나님의 복음은 구약성경의 많은 곳에 예언되었는데, 마침내 예수 그리스도를 통하여 인간에게 전달되었다. 그런 이유 때문에 이 '복음은 선지자들을 통하여' 예언되었다가 (1:2, 16:25), '그 아들' 안에서 성취되었다고 바울 사도는 소개한다 (1:3, 16:25).

그런데 이 복음은 죄인들에게 전달할 매개를 필요로 했다. 하나님이 복음을 위하여 택하신 종은 사도 바울이었는데 (1:1), 그는 특히 이방인들을 전도의 대상으로 삼았다 (15:16). 그러므로 바울 사도는 복음을 '나의 복음'이라고 하면서 (2:16, 16:25), 그에게 맡겨진 복음을 전파하는데 혼신을 다 바쳤다. 그 결과 그가 전한 복음을 통하여 많은 이방인들이 믿고 순종하게 되었고 (1:5, 16:26), 하나님도 영광을 받으셨다 (16:27).

1) 인사 (1:1-7)

"예수 그리스도의 종 바울은 사도로 부르심을 받아 하나님의 복음을 위하여 택정함을 입었으니, 이 복음은 하나님이 선지자들을 통하여 그의 아들에 관하여 성경에 미리 약속하신 것이라. 그의 아들에 관하여 말하면 육신으로는 다윗의 혈통에서 나셨고, 성결의 영으로는 죽은 자들 가운데서 부활하사 능력으로 하나님의 아들로 선포되셨으니, 곧 우리 주 예수 그리스도시니라. 그로 말미암아 우리가 은혜와 사도의 직분을 받아 그의 이름을 위하여 모든 이방인 중에서 믿어 순종하게 하나니, 너희도 그들 중에서 예수 그리스도의 것으로 부르심을 받은 자니라. 로마에서 하나님의 사랑하심을 받고 성도로 부르심을 받은 모든 자에게 하나님 우리 아버지와 주 예수 그리스도로부터 은혜와 평강이 있기를 원하노라"

이 인사를 다음과 같이 몇 단어를 사용하여 도해할 수 있을 것이다:

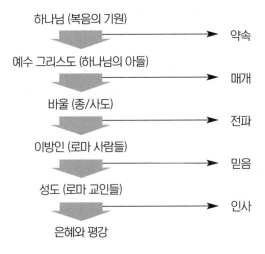

앞의 도해를 설명하기란 어렵지 않다. 복음의 기원은 두말할 필요도 없이 하나님이다. 그 하나님은 죄인들을 구원하시기 위하여 그 아들 예수 그리스도를 인간의 몸으로 세상에 보내셨고, 그리고 십자가에서 대속의 죽음을 맛보게 하셨다. 그러나 그분은 죽음의 장벽을 뚫고 부활하셨다. 그분이 진정으로 하나님의 아들이라는 산 증거였다. 그분의 죽음과 부활이 바로 죄인들을 구원해내는 복음이었다.

복음의 주인공이신 예수 그리스도를 만방에 선포하기 위하여 하나님이 택정하신 종은 바로 바울이었다. 하나님은 그 종을 사도의 반열에 올리시고, 그를 통하여 복음을 이방인들에게 전하게 하셨다. 그 결과 각처에서 많은 이방인들이 믿어 하나님의 자녀가 되었다. 비록 로마 성도를 위하여 바울 사도가 직접 복음을 전하지는 않았지만, 그들도 그 믿음의 대열에 들어섬으로 '예수 그리스도의 것으로 부르심'을 받았다.

바울 사도는 같은 하나님을 구원의 아버지로 믿는 로마 성도에게 인사를 하면서 은혜와 평강을 빌어주었다. 바울 사도는 '은혜와 평강'의 시발점이신 하나님 아버지와 그분의 매개인 예수 그리스도를 통하여 빌어주었다. 로마 교인들이 조건 없는 은혜와 평강을 누릴 수 있는 것은 그들이 하나님의 사랑을 받은 성도가 되었기 때문이다. 물론 은혜는 헬라식 인사이고 평강은 히브리식 인사이다.

앞의 인사의 부분을 복음으로 분해할 수도 있다:

1-2절: 복음의 예언 (구약의 복음)
3-4절: 복음의 성취 (신약의 복음)

5-7절a: 복음의 열매

7절b: 복음의 인사

이 시점에서 몇 가지 중요한 용어에 대하여 주목해보자.

(1) 바울

사울이라 불렸던 바울은 유대인이었다. 비록 그가 유대 나라가 아닌 길리기아의 다소에서 태어나서 성장했지만 (행 22:3), 그는 뼈 속까지 유대인이었다. 그는 유대인이라는 사실에 엄청난 긍지를 가진 사람이었다 (빌 3:5). 그는 유대인들에게만 주어진 전통, 곧 양자, 언약, 예배, 약속 등을 한시라도 잊은 적이 없을 정도였다 (롬 9:3). 그는 로마서를 저술하면서 유대인이 아니면 이해할 수 없는 유대인과 이방인의 관계를 명쾌하게 파헤쳤다 (롬 9-11).

바울은 바리새인이었다. 바리새인의 특징은 율법을 문자 그대로 받아들이면서 철저하게 하나님의 말씀을 연구하는 사람이었다. 그는 당대에 최고의 율법 학자인 가말리엘에게서 배운 율법의 대가였다 (행 22:3). 그뿐 아니라, 그는 유대교와 율법을 지키려는 특별한 열정을 가진 사람이었다 (빌 3:6). 그 열정 때문에 그는 그리스도인들을 박해할 뿐 아니라, 심지어는 스데반이 돌로 죽임을 당하도록 찬성한 사람이었다 (행 22:4).

그가 다메섹에 있는 그리스도인들을 투옥시키려했던 사건은 너무나 유명하다. 그는 노상에서 부활하신 예수 그리스도를 만나서 극적으로 회심하였다. 그는 바로 성령충만을 경험하게 되었다 (행 9:17). 그 후 그는 주님의 손에 붙잡히어 그를 만나주신 예수 그리스도를 전파하기 위하여 모든 것을 바쳤다. 그뿐 아니라, 그가 전한 복음으로 변화되어 교회를 일군 그리스도인들을 위하여 많은 서신을 보냈는데, 그 서신 중에는 로마서도 포함된다.

바울 사도에게는 히브리식 이름인 사울과 로마식 이름인 바울이 있었다. 사울의 뜻은 '찾은,' '구해진'이나, 바울의 뜻은 '작은,' '겸손한'이다. 십중팔구 히브리 모친과 로마 부친 사이에서 태어났기 때문일 것이다. 그러나 제1차 전도여행 때부터 그의 이름은 집중적으로 바울로 불렸다. 그를 통하여 복음을 반대하던 엘루마의 눈이 멀었으며, 그 기적을 계기로 그의 이름은 더 이상 사울이 아니라 바울로 알려졌다 (행 13:9-11).

물론 그 기적을 하나님이 그를 통하여 이루셨는데, 그 목적은 복음을 능력 있게 전하게 하기 위함이었다. 그 이후로도 '겸손하게' 하나님만을 의지하므로 복음을 편만하게 전할 수 있었다. 그의 이름대로였다! 그는 넓은 이방인의 세계에서 복음을 널리 전할 수 있도록, 로마식 이름을 사용한 것 같다. 비록 유대인이었지만, 그는 이방인들에게 복음을 전하라고 위탁받은 '이방인의 사도'였기 때문이다 (갈 2:8).

(2) 하나님의 아들

한마디로 해서 복음은 하나님이 예정하신 대로 이 세상에 보내신 그의 아들, 예수 그리스도이다. 그렇지 않다면 바울 사도는 이렇게 소개하지 않았을 것이다, "이 복음은 하나님이 선지자들을 통하여 그의 아들에 관하여 성경에 미리 약속하신 것이라" (1:2). 이 말씀에 의하면, 복음은 예수 그리스도가 이 세상에 오심으로 시작된 것이 아니었다. 이미 구약성경의 여러 선지자들을 통하여 예언되고 약속되었다.

그렇다면 하나님의 아들은 구약성경에서부터 존재하셨는가? 물론 아니다! 그분은 영원 전부터 하나님과 함께 계신 분이다. 한마디로 말해서, 그분은 하나님과 같이 세상의 구원을 기획하셨고, 예정하셨고, 또 실천에 옮기셨다. 하나님의 계획하신대로, 그리고 선지자들이 약속한대로 때가 되자, 그분은 여자의 몸을 통하여 이 세상에 오셨다 (갈 4:4). 그분은 이렇게 육성(肉性)을 지닌 인간이 되셨던 것이다.

이렇게 육신이 되신 하나님의 아들은 인간이지만 평범한 인간은 아니셨다. 그런 이유 때문에 바울 사도는 그분을 "육신으로는 다윗의 혈통에서 나셨다"고 묘사했다 (1:3). 이 말씀의 의미는 무엇보다도 구약성경의 가르침대로 유대인을 위하여 오신 분이라는 것이다. 그분의 복음은 우선적으로 유대인을 위한 것이었다. 그렇지 않다면 바울 사도는 "먼저는 유대인에게요 그리고 헬라인에게로다"라고 힘주어서 말하지 않았을 것이다 (1:16, 2:10, 10:12).

이 말씀의 두 번째 의미는 육신으로 오신 그분은 통치자라는 사실이다. 일찍이 다윗의 자손에게서 통치자가 오리라고 다윗 왕에게 전해준 예언대로이다. "그는 내 이름을 위하여 집을 건축할 것이요, 나는 그의 나라 왕위를 영원히 견고하게 하리라. 나는 그에게 아버지가 되고 그는 내게 아들이 되리니…" (삼하 7:13-14). 그렇다! 다윗의 자손은 이처럼 강한 통치자가 될 터인데, 그분은 동시에 하나님의 아들이시라는 것이다.

"육신으로는 다윗의 혈통에서 나셨다"는 약속이 함축하고 있는 것은 연약한 육신의 삶을 사셔야 된다는 것이다. 그분은 죄와 죽음을 대표하는 연약한 육신의 모습을 지니셨다. 그렇게 오신 그분은 죄의 유혹에 시달리면서 사셨다. 그 모습을 어느 성경 저자는 이렇게 묘사했다, "그는 육체에 계실 때에 자기를 죽음에서 능히 구원하실 이에게 심한 통곡과 눈물로 간구와 소원을 올렸고, 그의 경건하심으로 말미암아 들으심을 얻었느니라"(히 5:7).

예수 그리스도가 당하신 가장 큰 유혹과 시련은 죽음이었다. 마침내 예수 그리스도는 가장 연약하고 추악한 모습으로 십자가에서 죽으셨다. 그 죽음을 바울 사도는 이렇게 간단하게 묘사했다, "… 죽은 자들 가운데서…"(1:4). 그분이 그렇게 십자가에서 처참하게 죽지 않으셨다면 어떤 죄인이 죄와 죽음의 굴레에서 벗어날 수 있겠는가? 그분은 죄와 죽음의 육신 속에서 허우적거리는 죄인들을 대신하여 마침내 십자가에서 죽으셨다.

그러나 그분의 죽음은 새로운 시대era의 시작이기도 했다. 그때부터 죄인들은 죄와 죽음이 기다리는 육신 가운데 머물러 있을 필요가 없어졌다. 그들은 육신의 한계를 초월하여 새로운 삶, 새로운 목적, 새로운 소망을 가질 수 있는 시대에 들어선 것이다. 왜냐하면 예수 그리스도가 죽으신 후 삼일 만에 다시 살아나셨기 때문이다. 그분은 성령의 역사로 부활하셔서 (8:11), 죄와 죽음의 장벽을 무너뜨리셨다.

이렇게 시작된 새로운 시대는 성령의 시대이요, 능력의 시대이다. 바울 사도는 이렇게 묘사했다, "성결의 영으로는 죽은 자들 가운데서 부활하사 능력으로 하나님의 아들로 선포되셨으니, 곧 우리 주 예수 그리스도시니라"(1:4). 그분의 육성은 연약하여 죽음을 피할 수 없으셨으나, 다시 살아나심으로 하나님의 아들이시라는 사실을 증명하셨다. 그분은 진정으로 하나님과 함께 하시는 신성神性을 지닌 분이셨다.

그렇다! 복음은 하나님의 아들 예수 그리스도이다. 그분이 십자가에서 죄인들을 위하여 죽지 않으셨다면 어떤 죄인도 구원받을 수 없다. 그리고 그분이 죽은 자들 가운데서 부활하지 않으셨다면, 어떤 사람도 죄와 죽음의 문제가 해결되었다는 사실을 알 수 없다. 그뿐 아니라, 어떤 사람도 변화된 능력의 삶을 영위할 수 없다. 그러므로 하나님의 아들이 복음이지만, 특히 그분의 죽음과 부활이 복음이다 (4:25, 10:9-10).

(3) 부르심

바울 사도는 '부르심'이란 단어를 1:1-7절에서 세 번이나 사용했다. 그런데 1절에서 사용된 '부르심'과 6-7절에서 두 번 사용된 '부르심'에는 차이점이 없잖아 있다. 왜냐하면 1절에서는 사역을 위하여 부르심을 받은 것인데 반해, 6-7절에서는 부르심을 받은 결과 성도가 된 사실을 강조하기 때문이다. 물론 사역을 위하여 부르시는 분과 성도가 되기 위하여 부르시는 분은 공히 하나님이시다.

하나님이 바울을 이방인의 사도로 부르실 때 이런 말씀을 아나니아를 통하여 주셨다, "주께서 이르시되, 가라 이 사람은 내 이름을 이방인과 임금들과 이스라엘 자손들에게 전하기 위하여 택한 나의 그릇이라" (행 9:15). 하나님이 바울을 부르시면서 그가 할 일을 분명히 알려주셨다. 그 일은 무엇보다도 복음을 높고 낮은 사람들에게 전하는 것이었고, 그리고 그 부르심에 따라 바울은 복음을 전하면서 일생을 마쳤다.

하나님은 그에게 구체적으로 할 일을 말씀을 통하여 알려주셨다. 그렇다! 하나님이 바울을 사도로 부르신 매개는 말씀이었다. 그리고 바울이 그 부르심에 적극적으로 반응하자, 하나님은 그 구속의 사역을 감당할 수 있는 능력도 주셨는데, 바로 성령의 충만이었다. 이것이 부르심의 원리이다! 하나님이 부르시고 또 거기에 적극적으로 반응하면, 하나님은 책임지시고 능력은 물론 환경도 열어주시고 기회도 주신다.

반면, 두 번째 '부르심'은 성도가 되기 위한 부르심이다. 그 부르심에 죄인들은 반드시 반응해야 한다. 그 반응은 두 가지인데 소극적으로는 회개이고, 적극적으로는 믿음이다. 그런 이유 때문에 바울 사도는 5절에서 이렇게 묘사했다, "…우리가 은혜와 사도의 직분을 받아 그의 이름을 위하여 모든 이방인 중에서 믿어 순종하게 하나니." 이 말씀에서 '믿어'라는 단어는 이방인이 죄를 회개하고 그들을 위하여 죽으신 예수 그리스도를 받아들인다는 말이다.

이방인들이 그렇게 믿자, 그들의 소유자가 바뀌었다. 그들의 소유자는 세상과 사탄이었었는데, 이제는 예수 그리스도의 것이 된 것이다. 바울 사도의 설명이다, "너희도 그들 중에서 예수 그리스도의 것으로 부르심을 받은 자니라" (1:6). 다시 말해서, 그들이 그리스도의 것이 되었기에 그분이 그들의 현재와 미래를 책임지시겠다는 것이다. 이런 약속은 두말할 필요도 없이 '하나님의 사랑' 때문에 가능한 것이다.

바울 사도의 묘사를 들어보자, "로마에서 하나님의 사랑하심을 받고 성도로 부르심을 받은 모든 자!" (1:7a). 그런데 이 성도는 바로 교회이다. 왜냐하면 세상으로부터 불려냄을 받은 사람들이 곧 교회이기 때문이다. 헬라어로 교회는 *에클레시아*^{εκκλησία}인데, '부르다'인 *클레시아*와 '으로부터'인 *에크*가 합쳐서 된 단어이다. 그러니까 하나님이 죄인들을 '부르시는' 목적은 궁극적으로 교회를 일구기 위함이다.

(4) 믿음과 순종

바울 사도가 사도로 부르심을 받아 복음을 전한 결과는 무엇이었는가? 그는 그 결과를 이렇게 간단명료하게 서술했다, "그로 말미암아 우리가 은혜와 사도의 직분을 받아 그의 이름을 위하여 모든 이방인 중에서 믿어 순종하게 하나니" (1:5). 복음을 전했고 그리고 그 복음을 들은 이방인들 중에는 적극적으로 반응을 한 사람들도 있는데, 그 반응이 바로 '믿음과 순종'이었다. 왜 바울 사도는 이 두 단어를 함께 사용했는가?

많은 경우 그는 적극적인 반응을 '믿음'에 국한시켰다. 예를 들어 보자, "곧 예수 그리스도를 믿음으로 말미암아 모든 믿는 자에게 미치는 하나님의 의니 차별이 없느니라" (3:22). 여기에 나오는 '믿음'은 로마서에 나오는 41번의 믿음 가운데 하나이다. 또 어떤 때는 적극적인 반응을 '순종'에 국한시켰다. 예를 들어보자, "그리스도께서 이방인들을 순종하게 하기 위하여 나를 통하여 역사하신 것 외에는 내가 감히 말하지 아니하노라" (15:18).

우선, 믿음과 순종이 강조하는 바를 알아보자. 믿음은 예수 그리스도를 통하여 하나님 앞으로 나아오는 통로이다. 하나님은 말씀을 통하여 믿음으로 나아오면 구원을 받는다고 누누이 약속하셨다. 그러므로 믿음의 뜻은 작게는 구원의 통로이나, 넓게는 하나님의 약속을 받아들이는 통로이다. 믿음으로 구원받은 성도는 계속해서 믿음으로 하나님의 많은 약속을 받아들여야 하고, 그러면 많은 축복을 받는다.

반면, 순종은 이미 믿고 구원받은 성도가 하나님의 명령을 받아들이는 것이다. 하나님은 이미 믿은 성도에게 하나님을 드러내는 고결한 삶을 살라고 말씀하시는데, 그 방법이 바로 순종이다. 예를 들면, 서로 사랑하라는 명령에 순종할 때 성도는 하나님의 성품을 드러낸다. 그렇게 순종하는 삶을 영위할 때 그는 도덕적으로 차원 높게 살게 된다. 그리고 하나님은 그렇게 순종하며 사는 성도에게 성령으로 충만하게 하신다 (행 5:32).

바울 사도의 "모든 이방인 중에서 믿어 순종하게 하나니"라는 표현은 구원을 강조했을 뿐 아니라, 그 후 성결한 삶으로 연결되어야 한다는 사실을 강조한다. 그렇게 살지 못하면 믿음으로 구원받은 사실도 의심스러울 수밖에 없다. 바울 사도는 로마서 서두에 믿음과 순종을 함께 언급했을 뿐 아니라, 말미에도 언급한다, "영원하신 하나님의 명을 따라…모든 민족이 믿어 순종하게 하시려고…이 복음으로 너희를 능히 견고하게 하실…하나님" (16:27-28).

2) 감사와 기도

"먼저, 내가 예수 그리스도로 말미암아 너희 모든 사람에 관하여 내 하나님께 감사함은 너희 믿음이 온 세상에 전파됨이로다. 내가

그의 아들의 복음 안에서 내 심령으로 섬기는 하나님이 나의 증인
이 되시거니와, 항상 내 기도에 쉬지 않고 너희를 말하며, 어떻게
하든지 이제 하나님의 뜻 안에서 너희에게로 나아갈 좋은 길 얻기
를 구하노라. 내가 너희 보기를 간절히 원하는 것은 어떤 신령한
은사를 너희에게 나누어 주어 너희를 견고하게 하려 함이니, 이는
곧 내가 너희 가운데서 너희와 나의 믿음으로 말미암아 피차 안위
함을 얻으려 함이라. 형제들아 내가 여러 번 너희에게 가고자 한
것을 너희가 모르기를 원하지 아니하노니, 이는 너희 중에서도 다
른 이방인 중에서와같이 열매를 맺게 하려 함이로되, 지금까지
길이 막혔도다" (1:8-13).

(1) 감사

바울 사도는 인사를 마친 후 로마의 성도들에게 감사의 마음을 전
한다. 그는 무엇보다도 로마의 성도 때문에 감사했다. 바울 사도는
하나님이 사랑하시는 성도를 인하여 감사했는데, 하나님이 그 성도
를 위해서도 그분의 아들 예수 그리스도를 희생시키셨기 때문이다.
그런 이유 때문에 바울 사도는 '예수 그리스도로 말미암아' 감사한
다고 했다. 그분의 희생이 아니었다면, 어떻게 그들이 하나님의 성
도가 될 수 있으며 그리스도의 것이 될 수 있었겠는가?

바울 사도가 '예수 그리스도로 말미암아' 감사하는 데는 또 다른
이유가 있었는데, 그것은 그가 그분의 사도로 부르심을 받았기 때
문이다. 그분의 사도로서 그분 때문에 성도가 된 로마의 교인들에
대하여 감사하지 않을 수 없었다. 이방인의 사도인 바울은 그의 전
도를 통해서가 아닌 다른 통로를 통해서라도 로마의 이방인이 성도

가 되었으니 감사할 수밖에 없었다. 결국, 그의 감사는 그가 진정으로 예수 그리스도의 사도라는 사실을 증언하고도 남는다.

일찍이 하나님이 아브라함을 갈대아 우르에서 불러내실 때 "모든 족속이 너로 말미암아 복을 얻을 것이라"는 약속을 주신 바 있었다 (창 12:3). 그 복은 두말할 필요도 없이 예수 그리스도를 통한 복음이었다. 바울 사도의 설명을 보자, "또 하나님이 이방을 믿음으로 말미암아 의로 정하실 것을 성경이 미리 알고, 먼저 아브라함에게 복음을 전하되 모든 이방인이 너로 말미암아 복을 받으리라 하였느니라" (갈 3:8).

이처럼 하나님이 아브라함을 불러내시면서 주신 약속이 예수 그리스도를 통하여 실현된 것을 알게 된 바울 사도는 감사하지 않을 수 없었다. "모든 족속이 너로 말미암아 복을 얻는다"는 약속이 차곡차곡 실현되고 있다는 강력한 증거가 바로 로마의 이방인들 중 믿어 성도가 된 사람들이었다. 그 약속이 실현되는 한 어떤 매개를 통해서 믿게 되었는지는 문제가 되지 않았다. 그 약속이 실현되는 사실만으로도 감사할 수 있었다.

바울 사도는 무엇보다도 이처럼 하나님의 형상대로 지음을 받고 구원도 받은 사람들 때문에 감사했다. 그렇게 감사를 한 후에야 그는 다른 감사의 이유를 열거했는데, 곧 그들의 믿음이 세상에 전파된 사실이다. 이방인의 사도인 바울은 로마 성도의 믿음이 그들만의 것이 아니라, 다른 이방인들에게도 전해진 사실에 깊이 감사하지 않을 수 없었다. 그것도 세상으로 널리 그리고 멀리 전해진 사실에 감사했다. 이런 감사는 사도의 마음을 잘 표현한 것이다.

(2) 기도

바울이 이방인의 사도인 또 하나의 강력한 증거는 그가 알지도 못한 로마의 성도를 위하여 "내 기도에 쉬지 않고 너희를 말한" 사실이다. 그는 감사할 때도 사람 때문에 감사했는데, 기도할 때도 역시 사람을 위하여 먼저 기도했다. 사람이 바로 복음의 대상이며, 그 사람을 위하여 그의 구세주가 희생을 감내하셨기 때문이다. 사람만이 영원히 존재하며, 사람만이 하나님의 뜻을 이루어 그분에게 영광을 돌릴 수 있기 때문이다.

바울 사도가 그처럼 간절하게 기도한 것은 다름 아닌 로마 교회를 방문할 수 있는 문이 열리게 해달라는 것이었다. 그는 결코 인간적으로만 기획하지 않고, "하나님의 뜻 안에서 너희에게로 나아갈 좋은 길"을 위하여 기도했다 (1:10). 그는 예수 그리스도의 종이요 사도로서 그들을 보다 깊은 차원으로 예수 그리스도에게로 인도하기를 원했다. 그런데 어느 날 "하나님의 뜻 안에서" 로마로 가는 길이 활짝 열렸다.

하나님의 뜻은 그가 죄수로 가는 것이었다. 그는 복음을 전하다가 유대인들로부터 심한 박해를 받으면서 목숨의 위협도 받았다. 그렇게 죄수 아닌 죄수가 되어 많은 군대의 호위를 받으며 로마로 가게 되었다. 그것이 하나님의 방법이었다! 그를 호위하는 군인들이 그의 생명을 지켜주었을 뿐 아니라, 여행의 모든 비용도 로마 정부가 지불했다. 한발 더 나아가서, 그렇게 여행하는 동안 바울 사도는 그 군인들은 물론 많은 사람들에게 복음도 전했다.

그런데 바울 사도는 왜 로마의 성도를 그처럼 찾아가길 원했는가? 세 가지 목적 때문이었는데, 첫째는 그 성도에게 신령한 은사를 나누어주어 그들을 든든하게 세우기 위해서였다 (1:11). 그들도 믿음의 초보를 지나 성숙한 성도가 되기를 원하는 것이 바울 사도의 마음이었다 (히6:1-2). 물론 은사는 위에서 성령이 내려주시는 영적 선물이다. 그런데 성령은 그런 선물을 바울이라는 사도를 매개로 주신다는 것이다.

둘째 목적은 바울 사도가 로마의 성도와 교제를 나누면서 '피차 안위함을 얻으려는' 것이었다 (1:12). 바울 사도는 인간적으로 높고도 귀한 사도인데도 불구하고, 낮고도 여러 문제를 안고 있는 로마 성도와 똑같은 입장에서 교제를 나누겠다는 것이다. 왜냐하면 바울과 그 성도 간에 공유한 믿음 때문이다. 바울 사도도 믿음으로 하나님의 자녀가 되었으며 그들도 믿음으로 하나님의 자녀가 되었기에, 같은 아버지를 모신 형제였던 것이다.

아버지 하나님 안에서 형제들이 교제하며, 격려하며, 서로에게 위로를 나누는 것은 너무나 당연하지 않은가? 더욱 놀라운 사실은 바울같이 주님을 깊이 아는 사도도 로마 성도의 위로를 필요로 한다는 고백이다. 이런 겸손한 자세는 주님의 자세이기도 했다. 그분은 죄인을 구원하시기 위하여 하늘의 모든 영광을 포기하시고 인간으로 인간들 속에 들어오셔서 인간들과 교제를 나누셨다. 바울 사도는 그 주인의 모습을 그대로 닮았던 것이다.

바울 사도가 로마의 성도를 만나려는 셋째 목적은 그들이 열매를 맺게 하기 위함이었다. 다른 이방인 성도는 여기저기에서 전도의 열매를 많이 맺고 있었지만, 로마의 교인들은 여러 가지 내적 갈등 때문에 신앙적으로도 성장하지 못하니 전도의 열매가 빈약할 수밖에 없었다. 바울 사도는 그들에게 복음의 내용도 가르치고 또 갈등도 해결해주므로, 그들도 다른 이방인 성도처럼 많은 열매를 맺게 하려는 간절한 마음을 가지고 있었다 (1:13).

이 세 가지 목적은 달리 표현하면 로마의 교회를 교회답게 변화시키겠다는 것이다. 교회의 사역은 참으로 많지만, 모든 사역을 세 단어로 요약할 수 있다: 섬김^{diakonia}, 교제^{koinonia}, 전도^{kerygma}. 효과적으로 섬기기 위해서는 영적 은사에 따라야 한다. 교제는 위로 하나님과 그리고 아래로 성도 간의 나눔이다. 전도는 세상을 향하여 복음을 전하는 것이다. 그런데 바울 사도는 이 세 가지 목적을 위하여 로마를 찾겠다는 것이다.

3) 기도의 이유와 주제

"헬라인이나 야만인이나 지혜 있는 자나 어리석은 자에게 다 내가 빚진 자라. 그러므로 나는 할 수 있는 대로 로마에 있는 너희에게도 복음 전하기를 원하노라. 내가 복음을 부끄러워하지 아니하노니, 이 복음은 모든 믿는 자에게 구원을 주시는 하나님의 능력이 됨이라; 먼저는 유대인에게요 그리고 헬라인에게로다. 복음에는 하나님의 의가 나타나서 믿음으로 믿음에 이르게 하나니, 기록된 바 오직 의인은 믿음으로 말미암아 살리라 함과 같으니라" (1:14-17)

(1) 기도의 이유
바울 사도가 그처럼 로마 방문을 위하여 기도한 이유는 세 가지인데, 첫째는 그가 모든 이방인에게 빚진 자이기 때문이다 (1:14). 헬라인, 야만인, 지혜 있는 자, 어리석은 자는 모두 이방인을 가리킨다. 그런 이방인을 위하여 하나님은 바울을 택하셨고 사도로 부르셨다. 그는 이방인을 위하여 존재했고, 이방인을 위하여 사역했다. 결국 이방인을 위하여 바울은 예수 그리스도의 종이 되었다. 문자 그대로 그는 이방인에게 빚진 자였다I am a debtor.

둘째 이유는 그를 불러서 사도로 삼아주신 주님의 복음을 어디서든 전하지 않으면 안 되었기 때문이다 (1:15). 그는 이방인에게 전도하기 위하여 동서남북을 가리지 않고 뛰어다녔다. 지금까지 삼차에 걸친 전도여행에서 동쪽을 누볐다. 이제 그는 서쪽으로 눈을 돌리기 시작했다. 서쪽에 있는 로마에서도 복음을 전하기 원했고, 그리고 서쪽 끝머리에 있는 스페인에서도 복음을 전하기 원했다. 그는 항상 복음을 전할 준비가 되어있었다I am ready.

셋째 이유는 그가 복음을 부끄러워하지 않았기 때문이다I am not ashamed. 왜 복음을 부끄러워하지 않았는가? 그 이유는 간단하다! 복음은 죄인을 구원하여 성도로 변화시키는 능력이 있기 때문이다. 가장 현격한 실례는 자신이었다. 그리스도인들을 박해하고 죽게까지 한 그가 어떻게 그렇게 변화될 수 있었던가? 복음의 능력 때문이었다. 마술사 엘루마의 방해를 기적으로 무너뜨리고 총독으로 하여금 믿게 한 것도 복음의 능력이었다 (행 13:7-12).

(2) 구원

"복음은 모든 믿는 자에게 구원을 주시는 하나님의 능력이라"는 말씀에서 구원의 뜻은 무엇인가? (1:16). '구원'은 간단하게 말해서

'건져냄'이다. 무엇으로부터 건짐을 받는단 말인가? 죄의식과 죄의 형벌로부터이다! 인간은 하나님에게 불순종하면서 그 안에 계시던 성령이 그를 떠났고, 그 결과 현재에는 죄의식에 시달리면서 그리고 미래에 다가올 심판의 죽음 때문에 불안하다. 그러나 구원의 결과는 죄의식과 죄의 형벌로부터 건져냄을 받는 것이다.

그러니까 구원은 과거에 지은 죄로부터의 용서이자, 현재의 자유이며, 동시에 미래의 심판에서 해방이다. 바울 사도는 구원을 하나님의 능력이라고 묘사한 것은 어느 한 국면만을 강조하지 않고, 모든 국면——과거와 현재와 미래——을 망라한다. 이런 구원을 다음과 같이 도표로 요약하면서 설명해보자.

영적 구원	생활의 구원	육체의 구원
엡 2:8, 엡 2:1 ↓ 과거적 구원	빌 2:12 ↓ 현재적 구원	빌 3:20-21 ↓ 미래적 구원
잃었다가 발견됨 죄로부터 해방	악한 감염에서 해방 육체적 질병으로부터 해방	하나님의 심판을 받지 않음 몸의 변화
롬 1:16, 요 3:17		

먼저, 영적 구원에 대하여 알아보자. 죄인이 회개와 믿음을 구사하면서 하나님 앞으로 나아올 때 하나님은 예수 그리스도의 피를 통하여 그의 모든 죄를 용서해주신다. 그는 죄로부터의 해방을 경험한 것이며, 영적으로 잃어버린 상태에 있다가 주님에게 발견된 것이다. 예수님의 말씀대로이다, "인자가 온 것은 잃어버린 자를 찾아 구원하려 함이니라" (눅 19:10). 길을 잃은 양을 목자가 찾은 것과 같다 (눅 15:4-7).

그다음, 생활의 구원에 대하여 알아보자. 예수 그리스도를 통하여 영적으로 구원받은 사람은 생활에서도 불신자와는 다른 삶을 유지한다. 그는 죄인들과 함께하지 않음으로 악의 영향에서 벗어남으로 악의 감염으로부터 해방된다. 뿐만 아니라, 그는 도덕적으로 고매한 삶을 영위하기에 많은 질병으로부터 자유로울 수 있다. 예를 들면, 담배만 피지 않아도 얼마나 많은 질병에서 해방될 수 있는가? 그는 불신자에 비하여 훨씬 건강한 삶을 누리게 된다.

마지막으로, 육체의 구원에 대하여 알아보자. 그리스도인도 육체의 한계와 연약을 초월할 수 없다. 그러나 주님이 재림하실 때 그는 그리스도처럼 완전한 몸으로 변화된다 (요일 3:2). 그때부터 그는 육체의 한계와 연약을 초월하여 주님과 함께 사는 영광을 누리게 된다. 그렇다! 바울 사도가 언급한 구원의 능력은 영적 구원일 뿐 아니라, 생활의 구원과 육체의 구원까지 포함된다.[1] 얼마나 놀라운 구원의 능력인가!

(3) 하나님의 의

복음이 하나님의 능력인 이유가 또 있는데, 그것은 복음을 통하여 하나님의 의가 나타나기 때문이다. 하나님의 의는 도대체 무엇인가? '의'는 죄와 반대되는 말이다. 다시 말해서, '의'에는 죄의 생각, 죄의 언행, 죄의 행위 등이 있을 수 없다. 그런 이유 때문에 하나님만 의로운 분이시다. 이런 하나님 앞에서 죄가 없다고 주장할 수 있는 사람은 없다. 모든 사람이 죄인이기 때문이다.

실제로 바울 사도는 로마서에서 "의인은 없나니 하나도 없다"고 선언했다 (1:10). 그런데 복음의 주인공이신 예수 그리스도를 믿음으로 받아들일 때, 그 하나님의 의가 인간에게 전가된다는 것이다. 한마디로 말해서, 그렇게 많은 죄를 지었던 인간이 하나님처럼 의로워진다는 말이다. 만일 이처럼 하나님의 의가 실제로 전가된다면, 그 복음은 말할 수 없이 큰 능력임에 틀림없다. 이런 전가를 도해한 후 설명하자.

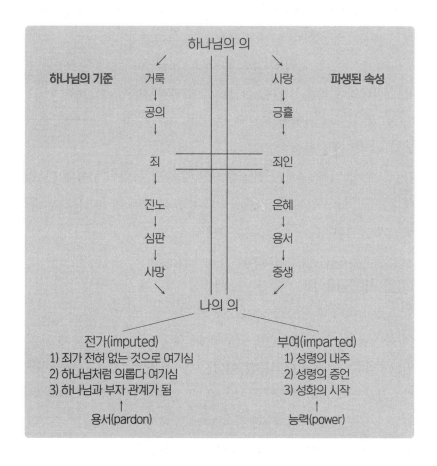

위의 도표를 보면 중요한 성경적 진리를 찾을 수 있다. 무엇보다도 하나님은 인간을 대하실 때 거룩과 사랑이라는 두 가지 속성屬性

으로 대하신다.[2] 하나님은 당신의 아가페 사랑을 자격 없는 죄인에게 조건 없이 부어주신다. 그렇다면 어떤 기준 때문에 인간이 '자격 없는 죄인'인가? 그 기준이 바로 하나님의 거룩이다. 하나님이 거룩하신 성품으로 인간을 대하실 때 그 인간은 죄인으로 드러나며, 따라서 심판을 피할 수 없는 한계 있는 존재로 드러난다.

그런데 하나님에게는 사랑의 속성도 있다. 거룩한 속성 때문에 죄인으로 판명된 사람을 하나님은 무조건적으로 사랑하신다. 그러므로 하나님의 두 가지 속성 가운데 거룩이 일차적인데 반해, 사랑은 이차적이다. 보다 직설적으로 말하면, 하나님의 사랑은 하나님의 거룩에서 파생된 속성이다. 그러니까 하나님의 거룩한 눈에 비추어진 인간은 머리부터 발까지 죄로 점철된 존재이며, 따라서 심판과 사망을 피할 수 없다.

반면, 그처럼 죄로 찌든 죄인을 하나님은 아가페 사랑으로 보신다. 그분의 눈에는 죄보다는 죄인이 보이며, 그에게 한량없는 긍휼과 은혜를 부어주신다. 그 결과 그는 모든 죄를 용서받고 거듭난다. 그 순간 하나님의 의가 그에게 전가되어, 하나님은 그를 더 이상 죄인으로 여기지 않으신다. 하나님은 그의 아버지가 되시고, 그는 하나님의 자녀가 된다. 그리고 하나님의 자녀답게 살 수 있도록 성령을 부어주셔서 거듭나게 하신다.

바울 사도는 이렇게 선언했다, "복음에는 하나님의 의가 나타나서 믿음으로 믿음에 이르게 하나니, 기록된바 의인은 오직 믿음으로 말미암아 살리라 함과 같으니라" (1:17). 복음은 예수 그리스도의 죽음과 부활이라고 언급한 바 있다. 그 이유는 간단하다! 그분의 십자가만큼 하나님의 거룩과 사랑의 속성이 동시에 드러난 곳은 달리 어디에서도 찾아볼 수 없기 때문이다. 어떻게 십자가에서 그 두 가지 속성이 드러났는가?

하나님의 거룩한 속성 때문에 인간의 모든 죄가 십자가에서 철저하게 심판받았는데, 그것이 바로 예수님의 죽음이었다. 이처럼 하나님의 거룩이 무섭게 그리고 잔인하게 나타난 적은 일찍이 없었다. 동시에 그 십자가에서 하나님의 사랑이 나타났는데, 거기에서 모든 인간이 용서를 받아 하나님의 자녀가 될 수 있기 때문이다. 누구든지 십자가 앞에 나와서 예수 그리스도를 믿으면 그는 하나님처럼 의롭다 하심을 받게 된다니, 얼마나 능력 있는 복음인가?

그런데 왜 바울 사도는 복음에 나타난 하나님의 의와 하박국 2장 4절을 연결했는가? 그 이유는 분명하다! 첫째, 하나님의 의가 인간의 의로 전가되는 역사는 신약성경의 가르침이지만 동시에 구약성경의 가르침이라는 것이다. 둘째, "의인이 믿음으로 말미암아 살리라"는 과거와 현재와 미래를 아우른다는 것이다. 과거의 구원도 믿음으로 받고 (롬 1:17), 현재도 율법의 문제를 믿음으로 극복하고 (갈 3:11), 미래의 고난도 믿음으로 이겨야 한다 (히 10:38).

그렇다면 바울 사도의 "믿음으로 믿음에 이르게 한다"는 표현은 구체적으로 어떤 뜻인가? 다시 도표를 통하여 설명하자.

로마서의 본론에는 다섯 단계가 있는데, 곧 죄, 구원, 성화, 주권 및 섬김이다. 죄에서 벗어나 구원받기 위하여 믿음의 징검다리를 건너야 한다. 뿐만 아니라, 구원의 초보에서 벗어나 성화로 들어가기 위하여 다시 믿음의 징검다리를 건너야 한다. 그 후 하나님의 주권으로 승화하기 위해서도 역시 믿음의 징검다리를 건너야 한다.

성경적 세계관의 틀과 문화를 도구로
다음 세대를 세우는 토론식 성경공부 교재

삶이 있는 신앙 시리즈

정치

경제

사회

문화

미디어

대중매체

BIBLE

추천   전광식   고신대학교 전 총장
신국원   총신대학교 명예교수
홍민기   브리지임팩트사역원 이사장

우리가 만든 주일학교 교재는 성경적 세계관의 틀과 문화를 도구로 합니다.

왜 '성경적 세계관의 틀'인가?

진리가 하나의 견해로 전락한 시대에, 진리의 관점에서 세상의 견해를 분별하기 위해서

◇ 성경적 세계관의 틀은 성경적 시각으로 우리의 삶을 보게 만드는 원리입니다.
◇ 이 교재는 성경적 세계관의 틀로 현상을 보는 시각을 길러줍니다.

왜 '문화를 도구'로 하는가?

어린이, 청소년, 청년들의 삶에 가장 큰 영향을 끼치는 것이 문화이기 때문에

◇ 문화를 도구로 하는 이유는 우리의 자녀들이 문화 현상 속에 젖어 살고, 그 문화의 기초가 되는 사상(이론)을 자신도 모르게 이미 받아들이고 있기 때문입니다.
◇ 공부하는 학생들의 삶의 현장으로 들어갑니다(이원론 극복).

✦ 다른 세대가 아닌 다음 세대 양육

자기 생각에 옳은 대로 하는 포스트모던적인 사고의 틀을 벗어나, 하나님의 말씀에 기초해서 생각하고 행동하는 성경적 세계관(창조, 타락, 구속)의 틀로 시대를 읽고 살아가는 "믿음의 다음 세대"를 세울 구체적인 지침서!

✦ 가정에서 실질적인 쉐마 교육 가능

각 부서별(유년, 초등, 중등, 고등)의 눈높이에 맞게 집필하면서 모든 부서가 "동일한 주제의 다른 본문"으로 공부하도록 함으로써, 가정에서 부모와 자녀가 함께 성경에 대한 유대인들의 학습법인 하브루타식의 토론이 가능!

✦ 원하는 주제에 따라서 권별로 주제별 성경공부 가능

성경말씀, 조직신학, 예수님의 생애, 제자도 등등

✦ 3년 교육 주기로 성경과 교리에 대한 기본적인 이해가 가능하도록 구성(삶이 있는 신앙)

- 1년차 : 성경말씀의 관점으로 본 창조 / 타락 / 구속
- 2년차 : 구속사의 관점으로 본 창조 / 타락 / 구속
- 3년차 : 하나님 나라의 관점으로 본 창조 / 타락 / 구속

"토론식 공과는 교사용과 학생용이 동일합니다!" (교사 자료는 "삶이있는신앙" 홈페이지에 있습니다)

1 목적

부지불식간(不知不識間)에 대중문화와 또래문화에 오염된 어린이들의 생각을 공과교육을 통해서 성경적 세계관으로 전환시킨다. 이를 위해 현실 세계를 분명하게 직시함과 동시에 그 현실을 믿음(성경적 세계관)으로 바라보며, 말씀의 빛을 따라 살아가도록 지도한다(이원론 극복).

2 구성

쉐 마 분명한 성경적 원리의 전달을 위해서 본문 주해를 비롯한 성경의 핵심 원리를 제공한다(씨앗심기, 열매맺기, 외울말씀).

문 화 지금까지 단순하게 성경적 지식 제공을 중심으로 한 주일학교 교육의 결과 중 하나가 신앙과 삶의 분리, 즉 주일의 삶과 월요일에서 토요일의 삶이 다른 이원론(二元論)이다. 우리 교재는 학생들의 삶 속에서 일어나는 문화를 토론의 주제로 삼아서 신앙과 삶의 하나 됨(일상성의 영성)을 적극적으로 시도한다(터다지기, 꽃피우기, HOT 토론).

세계관 오늘날 자기중심적인 시대정신에 노출된 학생들의 생각과 삶의 방식을 성경적 세계관을 토대로 바라보게 함으로써, 자신을 돌아보고 삶에 적용하는 것을 돕는다.

3 설교

학생들이 공과의 내용을 잘 이해하고, 공과 공부 시간을 풍성하게 하기 위해서, 부서 사역자가 매주 '동일한 주제의 다른 본문'으로 설교를 한 후에 공과를 진행한다.

권별	부서별	공과 제목	비고
시리즈 1권 (입문서)	유·초등부 공용	성경적으로 세계관을 세우기	신간 교재 발행!
	중·고등부 공용	성경적 세계관 세우기	
시리즈 2권	유년부	예수님 손잡고 말씀나라 여행	주기별 기존 공과 1년차-1/2분기
	초등부	예수님 걸음따라 말씀대로 살기	
	중등부	말씀과 톡(Talk)	
	고등부	말씀 팔로우	
시리즈 3권	유년부	예수님과 함께하는 제자나라 여행	주기별 기존 공과 1년차-3/4분기
	초등부	제자 STORY	
	중등부	나는 예수님 라인(Line)	
	고등부	Follow Me	
시리즈 4권	유년부	구속 어드벤처	주기별 기존 공과 2년차-1/2분기
	초등부	응답하라 9191	
	중등부	성경 속 구속 Lineup	
	고등부	하나님의 Saving Road	
시리즈 5권	유년부	하나님 백성 만들기	주기별 기존 공과 2년차-3/4분기
	초등부	신나고 놀라운 구원의 약속	
	중등부	THE BIG CHOICE	
	고등부	희망 로드 Road for Hope	
시리즈 6권	유년부		2024년 12월 발행 예정!
	초등부		
	중등부		
	고등부		

● 『삶이있는신앙시리즈』는 "입문서"인 1권을 먼저 공부하고 "성경적 세계관"을 정립합니다.
● 토론식 공과는 순서와 상관없이 관심있는 교재를 선택하여 6개월씩 성경공부를 할 수 있습니다.

성경적 세계관의 틀과 문화를 도구로 다음 세대를 세우고,
스토리story가 있는, 하브루타chavruta 학습법의 **토론식 성경공부 교재**

성경적 시각으로 포스트모던시대를 살아갈 힘을 주는
새로운 교회/주일학교 교재!

삶이 있는 신앙 시리즈

국민일보 ◎
CHRISTIAN EDU BRAND AWARD
기독교 교육 브랜드 대상

토론식 공과(12년간 커리큘럼) 전22종 발행!

기독교 세계관적 성경공부 교재   고신대학교 전 총장 **전광식**
신앙과 삶의 일치를 추구하는 토론식 공과   성산교회 담임목사 **이재섭**
다음세대가 하나님 말씀의 진리에 풍성히 거할 수 있게 될 것을 확신   총신대학교 명예교수 **신국원**
한국교회 주일학교 상황에 꼭 필요한 교재   브리지임팩트사역원 이사장 **홍민기**

**소비 문화에 물든 십대들의 세속적 세계관을
바로잡는 눈높이 토론이 시작된다!**

발행처 : 도서출판 **삶이 있는 신앙**
공급처 : 솔라피데출판유통 / 주소 : 경기도 파주시 문발로 123 솔라피데하우스
주문 및 문의 / 전화 : 031-992-8691 팩스 : 031-955-4433
홈페이지 : www.faithwithlife.com

'믿음으로 믿음에'

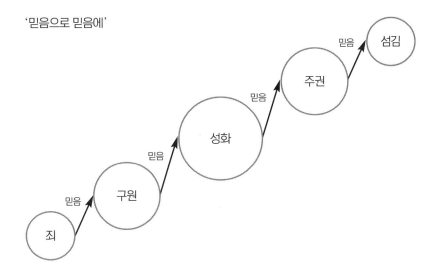

마지막으로 사람을 섬기는 신앙의 열매로 넘어갈 때도 역시 믿음의 징검다리를 건너야 한다. '믿음'을 통하여 성숙에 이르기 때문이다.

4. 죄론

서론 다음에 본론인데, 본론의 시작은 죄론이다 (1 ;18–3:20). 먼저, 죄론의 내용을 도해해보자.

구분	종류	계시	반응	결과
1:18-1:32	비도덕인	만물	우상숭배	내어버림
2:1-2:16	도덕인	양심	판단	심판
2:17-3:8	종교인	율법	자신의 의	저주
3:9-3:20	결론	모든 사람이 죄인		

흔히 죄론은 이방인과 유대인으로 분류된다. 그러나 본서에서는 세 가지 이유 때문에 비도덕인, 도덕인 및 종교인으로 분류한다. 첫째 이유는 도덕인 부분 (2:1–16)에서 '유대인'에 대한 묘사라는 언급이 전혀 없기 때문이다. 그러나 2장 17절부터는 '유대인'에 대한 묘사라고 분명히 언급하고 있다. 실제로 어떤 학자들은 이 부분이 양심에 따라 행하는 사람들의 묘사라고 언급한다.[3]

둘째 이유는 바울 사도가 복음을 제시하면서 그 복음이 필요한 사람들을 상당히 구체적으로 분류했기 때문이다. 두말할 필요도 없이 도덕적으로 말할 수 없이 타락한 사람들은 복음을 필요로 한다. 그렇다고 양심적으로 살아가려는 수많은 도덕적인 사람들은 복음을 필요로 하지 않는가? 그들도 비도덕적인 사람들 못지않게 복음을 필요로 한다. 실제로는 그들이 비도덕인들 못지않게 하나님의 엄중한 심판 아래 있다는 사실 때문에 복음이 절대로 요구된다.

셋째 이유는 이런 세 가지 분류는 모든 인류를 망라하고 있기 때문이다. 만일 도덕적인 사람들을 유대교로 분류한다면 학문적으로는 맞을지 모르지만 현실적으로는 맞지 않다. 얼마나 많은 불신자들이 도덕적으로 수준 높은 삶을 살면서 하나님과 상관없는 삶을 살고 있는가? 바울 사도처럼 분변 있고 능력 있는 전도자가 도덕적인 사람들을 위한 복음을 간과했을 이유는 결코 있을 수 없다.

실제로 전도자 중의 전도자인 예수 그리스도가 개인 전도를 연속적으로 하신 사실을 기록한 사도 요한도 이런 사실을 염두에 두었음에 틀림없다. 예수님은 요한복음 4장에서 도덕적으로 타락한 사마리아 여인에게 전도하셨다. 요한복음 5장에서는 38년이나 중병에 찌든 환자를 예수님이 고쳐주시면서 복음을 전하셨는데, 그 환자는 도덕적으로도 거의 완전한 사람이었다. 왜냐하면 그는 육체적으로 비도덕적인 행위에 연루될 수 없었기 때문이다.

요한복음 3장에서 예수님은 니고데모에게 복음을 전하셨는데, 그는 유대인이고 바리새인이고, 이스라엘의 선생일 뿐 아니라, 유대 산헤드린의 공회원이었다. 니고데모만큼 철저한 종교적인 사람도 많지 않을 것이다. 그러나 예수 그리스도는 그도 복음을 필요로 한다는 사실을 묵과하지 않으시고, 상세하게 복음을 전해주셨다. 결국, 요한복음 3~5장에 기록된 전도의 대상도 비도덕인, 도덕인,

종교인으로 온 세상을 대표하는 사람들이라고 할 수 있다.

바울 사도를 만나서 변화시켜주신 분도 예수 그리스도였다. 그에게 각종의 사람들에게 복음을 전하라고 사도로 부르신 분도 예수 그리스도였다. 그분의 부르심에 충성되게 호응하여 온 세상에 복음을 전한 바울 사도가 그 복음의 내용을 기록하면서, 그의 주님처럼 인간을 비도덕인과 도덕인 및 종교인으로 분류한 것은 너무나 자연스러웠다. 이미 언급한 대로, 이 세 종류의 사람은 모든 인간을 대표하는 사람들이다.

1) 비도덕인 (1:18-1:32)

"그러므로 하나님께서 그들을 마음의 정욕대로 더러움에 내버려 두사 그들의 몸을 서로 욕되게 하게 하셨으니, 이는 그들이 하나님의 진리를 거짓 것으로 바꾸어 피조물을 조물주보다 더 경배하고 섬김이라. 주는 곧 영원히 찬송할 이시로다! 아멘! 이 때문에 하나님께서 그들을 부끄러운 욕심에 내버려 두셨으니 곧 그들의 여자들도 순리대로 쓸 것을 바꾸어 역리로 쓰며, 그와 같이 남자들도 순리대로 여자 쓰기를 버리고 서로 향하여 음욕이 불 일듯 하매 남자가 남자와 더불어 부끄러운 일을 행하여 그들의 그릇됨에 상당한 보응을 그들 자신이 받았느니라. 또한 그들이 마음에 하나님 두기를 싫어하매 하나님께서 그들을 그 상실한 마음대로 내버려 두사 합당하지 못한 일을 하게 하셨으니, 곧 모든 불의, 추악, 탐욕, 악의가 가득한 자요 시기, 살인, 분쟁, 사기, 악독이 가득한 자요 수군수군하는 자요, 비방하는 자요 하나님께서 미워하시는 자요 능욕하는 자요 교만한 자요 자랑하는 자요 악을 도모하는 자요 부모를 거역하는 자요, 우매한 자요 배약하는 자요 무정한 자요 무자비한 자라. 그들이 이같은 일을 행하는 자는 사형에 해당한다고 하나님께서 정하심을 알고도 자기들만 행할 뿐 아니라, 또한 그런 일을 행하는 자들을 옳다 하느니라." (1:24-32).

도덕적으로 타락한 사람들의 특징은 그들의 인격, 곧 지·정·의가 잘못된 방향으로 흘러간다. 지적으로 "하나님의 진리를 거짓 것으로 바꾸어 피조물을 조물주보다 더 경배하고 섬긴다" (1:25). 그 결과는 어떤가? '마음의 정욕대로' 살아간다. 과연 그들의 고상한 지식은 어디로 갔단 말인가? 지식이 아무리 높아도 그들의 삶을 지배하지 못한다는 사실을 여실히 증명한다. 그들이 하는 대로 하나님도 내버려두시기에 그들은 몸을 더럽힌다.

바울 사도는 이렇게 지적하였다, "그러므로 하나님께서 그들을 마음의 정욕대로 내버려 두사 그들의 몸을 서로 욕되게 하셨으니" (1:24). 이 말씀에서 '마음의 정욕'은 성적 욕구를 의미한다. 그들의 지식에도 불구하고 그들은 이미 '거짓'을 믿고 있기에 성적 욕구를 제어하지 못하고 그 욕구가 이끄는 대로 따라간다. 그 결과 그들의 몸은 더럽혀지고, 그 몸 안에 있는 인격은 방향을 잃고 허우적대기 시작한다.

그런 사람들은 지적으로만 타락한 것이 아니다. 그들의 감정도 주체할 수 없을 정도로 잘못된 길로 가고 있다. 그런 감정의 타락을 묘사한 것이 바로 26-27절이다. 이 말씀에 의하면, 여자들은 여자들끼리, 그리고 남자들은 남자들끼리 성적 관계를 갖는다. 그들은 순간의 감정을 위하여 영원한 하나님의 가르침을 거부한 사람들이다. 그런데 이런 현상은 1세기나 21세기나 똑같다. 하나님을 떠난 인간의 모습은 시대와 문화에 상관없기 때문이다.

바울 사도는 이런 작자들을 이렇게 묘사했다, "이 때문에 하나님은 그들을 부끄러운 욕심에 내버려두셨으니, 곧 그들의 여자들도 순리대로 쓸 것을 바꾸어 역리로 쓰며, 그와 같이 남자들도 순리대로 여자 쓰기를 버리고 서로 향하여 음욕이 불일 듯하매, 남자가 남자와 더불어 부끄러운 일을 행하여 그들의 그릇됨에 상당한 보응을 그들 자신이 받았느니라." 소돔과 고모라를 연상케 하는 짓거리들이다.

비도덕인들은 지적으로 그리고 감정적으로 타락했지만, 동시에 의지적으로도 타락했다. 지식과 감정이 빗나갔는데 의지가 빗나가지 않을 수 없다. 바울 사도는 그렇게 의지적으로 타락한 사람들의 짓거리를 상당히 자세히 다루었다 (1:28-32). 그 이유를 먼저 보자. "또한 그들이 마음에 하나님 두기를 싫어하매, 하나님께서 그들을 그 상실한 마음대로 내버려 두사 합당하지 못한 일을 하게 하셨으니" (1:28).

그들은 의지적으로 합당하지 못한 일을 하는 작자들이다. 그들이 하는 일을 바울 사도는 21가지나 기록하고 있는데, 그들이 고의적으로 이런 일들을 하고 있다는 것이다. 그 21가지를 보면 크게 네 가지로 나눌 수 있다. 첫째는 자신을 내적으로 파괴하는 죄들인데, 곧 불의, 추악, 탐욕, 악의이다. 불의가 가득하면 자연히 추악해지고, 점차적으로 탐욕에 젖어들고, 마지막으로 다른 사람들에 대하여 악한 생각을 갖게 된다.

둘째는 타인을 파괴시키는 죄들인데, 곧 시기, 살인, 분쟁, 사기, 악독이 가득한 자, 수군수군하며, 남에 대한 비방. 이런 죄들 때문에 얼마나 많은 사람들이 지위와 명예를 잃었으며, 신분과 인격이 무너졌는가? 그러나 다른 사람들의 입장을 전혀 고려하지 않고 의도적으로 남을 헐뜯으며, 무너뜨리기를 원하는 자들의 짓거리이다. 이처럼 다른 사람들을 파괴하는 자들은 과연 온전했는가? 궁극적으로는 그들도 그들이 펴놓은 그물에 빠지게 된다.

셋째는 하나님과의 관계를 파괴하는 죄들인데, 이런 죄들을 행하는 작자들을 바울 사도는 주저하지 않고 묘사했는데, 곧 하나님의 미워하시는 자, 능욕하는 자, 교만한 자, 자랑하는 자, 악을 도모하는 자, 부모를 거역하는 자이다. 이런 자들은 한마디로 말해서 자신을 남보다 높게 여기면서 다른 사람들을 깔보며 무시하는 자이다. 그들의 교만 때문에 그들은 결국 하나님으로부터 미움도 받고, 그들을 낳아준 부모조차도 거부한다.

넷째는 공동체를 파괴하는 작자들인데, 곧 우매한 자, 배약하는 자, 무정한 자, 무자비한 자이다. 이런 자들은 잘난 체하나 실제로는 미련한 자이다. 그들은 약속을 쉽게 깨뜨리며, 다른 사람들에 대하여 자연스러운 인간적인 애정도 주지 않을 뿐 아니라 무자비하다. 그런데 놀랍게도 이런 자들은 하나님의 공의로운 심판이 있다는 사실을 의식 속에서 인지하지만, 악을 계속할 뿐 아니라, 그 악을 정당화하기 위하여 다른 사람들의 악을 격려한다 (1:32).

비도덕인들을 하나님이 이처럼 '더러움에 내버려 두시고,' '부끄러운 욕심에 내버려 두시고' 그리고 '상실한 마음대로 내버려 두신'

것은 그들을 영원히 버리셨다는 뜻이 아니다. 하나님은 그들의 죄악들에 일일이 간섭하거나 즉각적으로 심판하지 않으시고 방관하신다. 비도덕인들이 그런 추악한 죄악들의 결과를 보고 인생의 한계를 느끼며 마침내 하나님에게로 돌아오기를 기다리신다. 그렇게 돌아오면 하나님은 양팔을 벌리시고 그들을 받아주신다.

도대체 비도덕인들은 어쩌다 그렇게 타락의 구렁텅이로 빠져들었는가? 그 원인을 바울 사도는 1:18-23에서 제법 분명히 알려준다. 그 말씀을 인용해보자:

"하나님의 진노가 불의로 진리를 막는 사람들의 모든 경건하지 않음과 불의에 대하여 하늘로부터 나타나나니, 이는 하나님을 알 만한 것이 그들 속에 보임이라 하나님께서 이를 그들에게 보이셨느니라. 창세로부터 그의 보이지 아니하는 것들 곧 그의 영원하신 능력과 신성이 그가 만드신 만물에 분명히 보여 알려졌나니 그러므로 그들이 핑계하지 못할지니라. 하나님을 알되 하나님을 영화롭게도 아니하며 감사하지도 아니하고 오히려 그 생각이 허망하여지며 미련한 마음이 어두워졌나니 스스로 지혜 있다 하나 어리석게 되어, 썩어지지 아니하는 하나님의 영광을 썩어질 사람과 새와 짐승과 기어다니는 동물 모양의 우상으로 바꾸었느니라."

로마서 1장에 나오는 하나님의 트리오가 있는데, 그것은 '하나님의 능력'(16절), '하나님의 의'(17절) 및 '하나님의 진노'(18절)이다. 그런데 이 트리오의 표현이 서로 상반되는 것 같지만, 자세히 보면 같은 내용이다. 죄인에 대한 하나님의 마음은 진노인데, 그것을 달리 표현하면 하나님의 혐오감이다. 이 혐오감은 하나님의 거룩한 성품 때문에 죄에 대하여 갖는 하나님의 마음이며, 그런 진노의 마음이 표출되면 심판이다.

그런데 하나님은 심판받아 죽을 수밖에 없는 죄인에게 당신의 의를 보여주셨는데, 그것이 바로 십자가의 사건이다. 하나님은 십자가에서 당신의 아들 예수 그리스도를 처참하게 심판하심으로 당신의 의가 죄인의 의로 전가될 수 있게 하셨다. 이런 의의 전가는 인간의 방법으로는 절대로 불가능하다. 그런 까닭에 하나님은 당신의 능력을 구사하셔서 죄인을 변화시키어 하나님처럼 의롭게 하신다.

바울 사도는 서론을 끝내고 본론에 들어서면서 제일 먼저 소개한 단어가 바로 '하나님의 진노'이다. 그 이유는 간단하다! 모든 인간에게 주신 **진리**를 인간이 '경건치 않음과 불의'――하나님에 대한 죄와 인간에 대한 죄――로 가로막았기 때문이다.[4] 그렇다면 **진리**는 무엇인가? 바울 사도는 점진적으로 그 진리를 소개하는데, 19절에서 '하나님을 알만한 것'이라고 부연 설명했다. 알만한 데도 거부하면 그 책임을 물으시겠다는 의도가 깔려 있었다.

바울 사도는 20절에서 그 진리가 바로 **만물**이라고 결론지었다. 어떻게 만물이 진리이며 동시에 하나님을 알만한 것인가? 그 이유도 그는 설명한다, '그의 영원하신 능력과 신성'을 만물에서 찾을 수 있기 때문이다. 그러니까 하나님이 모든 이방인에게 주신 일반적 계시는 만물, 곧 자연이다. 그 만물을 통하여 하나님의 능력과 신성을 간접적으로라도 알 수 있기에, 어떤 사람도 하나님의 심판대 앞에서 핑계할 수 없다는 것이다.

그런데 그런 하나님의 계시에 대하여 인간은 어떻게 반응했는가? 그 하나님을 받아들였는가? 물론 아니다! 그들은 그 하나님 대신에 하나님의 만드신 피조물을 경배하고 섬겼다. 얼마나 큰 배반이며 거역인가? 그 결과 그들은 하나님으로부터 '내어버림을 당했던' 것이다. 너무나 당연한 결과이다! 그런데 바울 사도는 그 배반의 과정을 일곱 가지로 적나라하게 묘사했는데, 간단히 도해해보자:

배반의 과정   롬 1:21-23

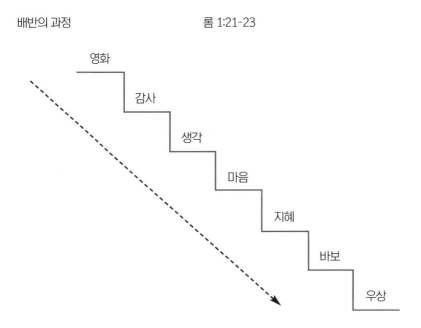

이 도해를 보면 그 순서가 너무나 분명하다. 첫째, 인간은 만물을 통해 나타난 하나님의 능력과 신성을 거부하면서 하나님에게 영화를 돌리지 않고, 감사치도 않으며, 그 생각이 잘못된 데로 돌아가서, 마음이 어두워졌다. 이처럼 생각과 마음이 왜곡된 인간은 스스로 지혜 있다고 하지만, 실제로는 바보가 되어 하나님의 영광을 짐

승의 우상으로 바꾸었다. 이런 인간의 인격, 곧 지·정·의가 타락하여 더러움과 부끄러운 욕심과 상실한 마음에 버려진 것이다.

이처럼 일곱 단계를 거쳐서 타락한 실례가 있는데, 곧 탕자의 타락이다. 그는 (1) 그의 뜻대로 (2) 자신만을 위하여 분깃을 가지고, (3) 먼 나라로 가서, (4) 허랑방탕하게 살다가, (5) 재산을 낭비하고, (6) 돼지를 치는 자가 되어, (7) 굶주렸다 (눅 15:11-17). 그렇다! 아버지 집에 있을 때는 모든 것이 풍족하여 굶주리지 않았다. 그러나 그 아버지와 집을 떠나자 그는 천해졌고, 굶주렸다. 이것이 하나님을 떠나간 인간의 모습이다!

그러나 그 탕자는 다시 일곱 단계를 거쳐서 돌아왔다. 그는 (1) 깨닫고(realization- 17절), (2) 결심하고(resolution-18절a), (3) 회개하고(repentance-18절b), (4) 행동으로 옮기고(reaction-20절), (5) 화해하고(reconciliation-20절), (6) 옷을 입히고(re-clothing-22절), (7) 즐겼다(rejoicing-23절). 얼마나 놀라운 전환점인가! 그는 방향을 잃었다가(disoriented), 방향을 다시 잡고(reoriented), 그리고 정상적으로 돌아온 것이다 (oriented).[5] 하나님이 완전히 버리신 죄인은 없다! 누구라도 애정을 가지고 기다리시는 하나님에게로 돌아올 수 있다!

2) 도덕인 (2:1-16)

"그러므로 남을 판단하는 사람아, 누구를 막론하고 네가 핑계하지 못할 것은 남을 판단하는 것으로 네가 너를 정죄함이니, 판단하는 네가 같은 일을 행함이니라. 이런 일을 행하는 자에게 하나님의 심판이 진리대로 되는 줄 우리가 아노라. 이런 일을 행하는 자를 판단하고도 같은 일을 행하는 사람아, 네가 하나님의 심판을 피할 줄로 생각하느냐? 혹 네가 하나님의 인자하심이 너를 인도하여 회개하게 하심을 알지 못하여, 그의 인자하심과 용납하심과 길이 참으심이 풍성함을 멸시하느냐? 다만 네 고집과 회개하지 아니한 마음을 따라 진노의 날 곧 하나님의 의로우신 심판이 나타나는 그 날에 임할 진노를 네게 쌓는도다. 하나님께서 각 사람에게 그 행한 대로 보응하시되, 참고 선을 행하여 영광과 존귀와 썩지 아니함을 구하는 자에게는 영생으로 하시고, 오직 당을 지어 진리를 따르지 아니하고 불의를 따르는 자에게는 진노와 분노로 하시리라. 악을 행하는 각 사람의 영에는 환난과 곤고가 있으리니 먼저는 유대인에게요 그리고 헬라인에게며, 선을 행하는 각 사람에게는 영광과 존귀와 평강이 있으리니 먼저는 유대인에게요 그리고 헬라인에게라. 이는 하나님께서 외모로 사람을 취하지 아니하심이라. 무릇 율법 없이 범죄한 자는 또한 율법 없이 망하고, 무릇 율법이 있고 범죄한 자는 율법으로 말미암아 심판을 받으리라. 하나님 앞에서는 율법을 듣는 자가 의인이 아니요 오직 율법을 행하는 자라야 의롭다 하심을 얻으리니, (율법 없는 이방인이 본성으로 율법의 일을 행할 때에는 이 사람은 율법이 없어도 자기가 자기에게 율법이 되나니, 이런 이들은 그 양심이 증거가 되어 그 생각들이 서로 혹은 고발하며 혹은 변명하여 그 마음에 새긴 율법의 행위를 나타내느니라). 곧 나의 복음에 이른 바와 같이, 하나님이 예수 그리스도로 말미암아 사람들의 은밀한 것을 심판하시는 그 날이라."

하나님이 모든 인간에게 주신 일반계시가 또 있는데, 그것은 양심이다. 만물이 외적으로 주어진 계시라면, 양심은 내적으로 주어진 계시이다. 바울 사도는 양심의 호소에 따라 도덕적으로 살아가려고 애쓰는 도덕인을 소개한다. 그러니까 바울 사도가 기록한 로마서에 의하면, 비종교적인 사람들 중에는 종교적인 사람들 못지않게 도덕적으로 살아가려는 사람들이 여기저기에 존재한다는 것이다.

그런 도덕인들은 도덕적으로 높은 수준의 삶을 유지한다. 인간적으로 볼 때 그런 사람들은 다른 사람들로부터 존경을 받아 마땅하다. 그런데 하나님은 그런 사람들을 어떻게 보실까? 하나님도 그들의 도덕적인 삶을 높이 평가하시는가? 만일 그들의 삶이 하나님에 의하여 인정받는다면, 그들도 영생을 소유하지 않겠는가? 바울 사도도 이렇게 선언했다, "참고 선을 행하여 영광과 존귀와 썩지 아니함을 구하는 자에게는 영생으로 하시고" (롬 2:7).

그런데 양심적으로 살아가는 도덕인들에게 몇 가지 문제가 있다. 첫째 문제는 그들도 양심대로 살아가지 못한다는 것이다. 바울 사도의 진단을 보자, "율법 없는 이방인이 본성으로 율법의 일을 행할 때에는 이 사람은 율법이 없어도 자기가 자기에게 율법이 되나니, 이런 이들은 그 양심이 증거가 되어 그 생각들이 서로 혹은 고발하며 혹은 변명하여 그 마음에 새긴 율법의 행위를 나타내느니라" (2:14-15).

그들에겐 모세의 율법이 없지만, 양심의 소리가 그들에게는 율법이 된다. 그리고 그 양심의 호소대로 살지 못하면, 한편 양심이 그의 잘못을 고발하나, 또 한편 그 양심이 변명한다. 그들의 변명은 이럴 것이다: "그래도 이 정도는 깨끗한거야!" "다른 비도덕인 보다 얼마나 훌륭한가!" "다른 사람들도 나의 도덕을 인정하고 있지 않은 가!" 그런데 이런 변명은 스스로 양심대로 살아가지 못하는 사실을 시인하는 것에 지나지 않는다.

도덕인들의 둘째 문제는 그들의 양심에는 일정한 기준이 없다는 것이다. 그들의 판단기준은 양심인데, 그 양심은 너무나 주관적이기에 객관성을 나타나지 못한다. 거기다가 양심의 기준은 사람에 따라 다르다. 그가 젊었을 때 기준과 늙었을 때 기준이 다르다. 그뿐 아니라 양심의 기준은 문화에 따라 다르다. 어떤 문화에서는 용인되는 행위가 다른 문화에서는 용인되지 않을 수도 있다. 그처럼 주관적인 양심으로 남을 판단하다니 얼마나 가소로운가!

도덕인들의 셋째 문제는 타인의 비행을 판단하는 그들도 완전하지 않다는 것이다. 그들도 시시때때로 그와 비슷한 죄를 짓는다. 만일 행위로 죄를 짓지 않는다면, 적어도 마음속으로 그런 죄를 짓는다 (2:3). 예수님은 그런 자들을 혹독하게 질책하신 적이 있다. 다른 사람의 죄를 티로, 그리고 그 사람을 판단하는 죄를 들보에 비유하면서 야단을 치셨다 (마 7:3). 그들이 그들의 기준으로 남을 판단하면, 그들은 하나님의 심판을 받는다는 것이다 (마 7:2).

도덕인들의 넷째 문제는 다른 사람들, 특히 비도덕인들을 판단하는 죄가 너무나 크다는 사실이다. 물론 그들은 1장에 묘사된 비도덕인들처럼 죄를 짓지 않는다. 도덕인들은 그렇게 도덕적으로 살지 않는 사람들을 판단하는데, 이런 판단은 매우 심각한 문제이다. 왜냐하면 판단은 원래 하나님의 영역에 속한 행위이기 때문이다. 비도덕인들이 하나님 대신 우상을 섬기는 죄를 범한다면, 도덕인들은 하나님의 자리에 들어간 죄를 범한다.

야고보 선생의 진단은 이런 도덕인들의 잘못을 날카롭게 지적한다, "형제들아 서로 비방하지 말라. 형제를 비방하는 자나 형제를 판단하는 자는 곧 율법을 비방하고 율법을 판단하는 것이라. 네가 만일 율법을 판단하면 율법의 준행자가 아니요 재판관이로다. 입법자와 재판관은 오직 한 분이시니 능히 구원하기도 하시며 멸하기도 하시느니라. 너는 누구이기에 이웃을 판단하느냐?" (약 4:11-12).

그렇다! 다른 사람들을 판단하는 행위는 스스로를 하나님의 위치에 자리하는 발칙한 짓거리이다. 그 이유도 밝히고 있는데, 곧 판단과 구원은 전적으로 하나님의 영역이기 때문이다. 그런데 도덕적인 사람들이 남을 판단한다는 것은 스스로를 입법자요 재판관의 자리에 설정한 꼴이 된다. 그들이 받을 심판은 비도덕인들이 받을 심판과는 비교할 수 없을 정도이다. 그들은 "너희가 비판하는 그 비판으로 너희가 비판을 받을 것이기" 때문이다 (마 7:2).

하나님은 왜 양심을 인간에게 주셨는가? 바울 사도는 양심의 용도에 대해서도 이렇게 분명히 알려주었다. "혹 네가 하나님의 인자하심이 너를 인도하여 회개하게 하심을 알지 못하여, 그의 인자하심과 용납하심과 길이 참으심이 풍성함을 멸시하느냐?" (2:4). 양심의 소리대로 살지 못하는 도덕인들은 양심이 알려준 대로 그들의 부족을 인정하고 회개하여, 재판관이신 하나님에게 나아와야 한다.

만일 그 양심의 소리를 듣고 회개하지 않는다면, 그들에게 임할 하나님의 심판을 그만큼 더 자취하는 꼴이 된다. 바울 사도의 경고를 들어보자. "다만 네 고집과 회개하지 아니한 마음을 따라 진노의 날 곧 하나님의 의로우신 심판이 나타나는 그 날에 임할 진노를 네게 쌓는도다" (2:5). 결국 자신의 잘못과 그에 대한 심판을 알려준 대로 회개하여 하나님에게로 돌아오게 하는 매개가 바로 양심이다.

한 번은 간음하다 현장에서 잡힌 여인을 이용해서 예수님도 옭아매려는 서기관과 바리새인들이 예수님을 대면하게 되었다. 예수님이 그들의 잘못을 지적하자 그들은 '양심의 가책'을 느꼈다. 그들이 주님에게로 돌이킬 수 있는 절호의 기회였다. 그러나 그들은 양심의 소리를 묵살하고 주님을 떠나갔다. 다시 말해서, 그들은 회개 대신에 하나님의 심판을 택했던 것이다 (요 8:9). 천국 문까지 왔다가 들어가지 않고 돌아간 비극의 주인공들이 되었다.

도덕인들을 다룬 본문은 다음과 같이 세 부분으로 분류될 수 있다: (1) 2:1-4 "진리에 따른 심판," (2) 2:5-11 "행위에 따른 심판," (3) 12-16 "빛에 따른 심판". "행위에 따른 심판"에서 "참고 선을 행하여 영광과 존귀와 썩지 아니함을 구하는 자에게는 영생으로 하시고"의 말씀을 보자 (2:7). 이 말씀에서 '선'을 행한다는 것은 하나님을 기쁘시게 하려는 동기를 가지고 실천하는 행위를 가리킨다. 그런데 이런 '선'은 성령의 도우심이 없이는 불가능하다.

"빛에 따른 심판"에서 "무릇 율법 없이 범죄한 자는 또한 율법 없이 망하고, 무릇 율법이 있고 범죄한 자는 율법으로 말미암아 심판을 받으리라"는 말씀으로 설명해보자. "율법 없이 범죄한 자," 곧 도덕인들은 만물과 양심의 계시에 따라 심판을 받는다. 그러나 "율법이 있고 범죄한 자"는 만물과 양심의 계시에 따른 심판은 물론 율법에 따른 계시에 따라서 심판을 받는다. 다시 말해서, 그들이 받은 빛에 따라서 그만큼 더 심판을 받는다는 뜻이다.

그러면 도덕인들이 하나님 앞에서 받을 심판은 어떤가? 바울 사도가 본문에서 기록한 대로 심판을 받을 것인데, 그 심판은 자그마치 아홉 가지로 묘사된다.

(1) 펑계할 수 없는 심판 (1절)

(2) 진리대로 되는 심판 (2절)

(3) 피할 수 없는 심판 (3절)

(4) 의로운 심판 (5절)

(5) 행한 대로 받는 심판 (6절)

(6) 우주적 심판 (9절)

(7) 외모와 상관없는 심판 (11절)

(8) 빛에 따른 심판 (12절)

(9) 은밀한 것에 대한 심판 (16절)

비도덕인들은 가시적인 우상을 섬겼는데, 그런 우상을 만든 작자는 자신이다. 그들은 우상을 만들어놓고 자신이 원하는 것을 추구한다. 결국 자신이 우상인 셈이다. 도덕인들은 비가시적인 우상을 섬겼는데, 그것은 다른 사람을 판단하는 행위이다. 그렇게 함으로 그들은 하나님의 자리를 넘보는 것이다. 두말할 필요도 없이 비도덕인들은 그들이 섬기는 우상 때문에 심판을 받지만, 비도덕인들은 하나님의 자리를 넘본 것에 대하여도 혹독한 심판을 받는다.

3) 종교인 (2:17-3:8)

"유대인이라 불리는 네가 율법을 의지하며 하나님을 자랑하며, 율법의 교훈을 받아 하나님의 뜻을 알고 지극히 선한 것을 분간하며, 맹인의 길을 인도하는 자요, 어둠에 있는 자의 빛이요, 율법에 있는 지식과 진리의 모본을 가진 자로서, 어리석은 자의 교사요 어린 아이의 선생이라고 스스로 믿으니, 그러면 다른 사람을 가르치는 네가 네 자신은 가르치지 아니하느냐? 도둑질하지 말라 선포하는 네가 도둑질하느냐? 간음하지 말라 말하는 네가 간음하느냐? 우상을 가증히 여기는 네가 신전 물건을 도둑질하느냐? 율법을 자랑하는 네가 율법을 범함으로 하나님을 욕되게 하느냐? 기록된 바와 같이 하나님의 이름이 너희 때문에 이방인 중에서 모독을 받는도다.

이 세상에 종교가 그렇게 많은 것은 인간이 삶의 허무와 죽음의 한계를 극복하고 싶은 욕구가 그만큼 크다는 증거이다. 그 많은 종교 중에서 가장 엄한 종교가 유대교이다. 유대교에서는 태어난 지 8일 만에 할례를 받고, 일생동안 많고도 많은 율법을 지켜야 한다. 유대교인들은 일주일에 한 번씩 안식일도 지켜야 하고, 십일조도 바쳐야 한다. 이처럼 엄한 유대교를 통해 삶의 허무와 죽음의 문제를 해결할 수 없다면, 어떤 종교로도 가능하지 않다.

그런 이유 때문에 바울 사도는 유대교를 깊이 다루었다. 그는 종교인 부분을 시작하자마자 '유대인이라 불리는 네가'라고 말문을 열었다. 그 이유는 간단하다! 이제부터 유대교를 다루겠다는 것이며,

그리고 그 종교의 허구를 파헤치겠다는 것이다. 유대교를 비롯한 모든 종교의 허구는 요약해서 말한다면 외적으로 노력해서 내적 욕구, 곧 삶의 허무와 죽음의 한계를 해결하겠다는 것이다. 이런 종교적인 노력은 결코 내적 욕구를 해결해 줄 수 없다.

그렇다고 유대교의 장점이 전혀 없는 것은 아니다. 왜냐하면 유대인은 (1) 율법을 의지하며, (2) 하나님을 자랑하며, (3) 하나님의 뜻을 알고, (4) 선한 것을 분간하기 때문이다 (2:17-18). 이런 장점 때문에 유대인의 삶의 질은 어떤 다른 종교인들보다 우월하다. 그들은 율법의 가르침 때문에 도덕의 기준이 그만큼 높다. 또한 그들이 자랑하는 하나님으로 인하여 그들은 다른 종교인들보다 크나큰 긍지를 갖는다.

자연히 유대교인들은 다른 사람들에게 그들이 자랑하는 율법과 하나님을 소개하는 지도자의 신분으로 설정한다. 그들이 설정한 자랑스러운 신분에는 어떤 것이 있는가? 그들은 (1) 맹인의 길을 인도하는 자며, (2) 어둠에 있는 자의 빛이며, (3) 어리석은 자의 교사며, (4) 어린 아이의 선생이다 (2:19-20). 그런데 이런 신분은 다른 사람들이 그들을 인정해준 것이 아니라, 그들 스스로가 믿고 설정한 것이다.

모든 종교와 마찬가지로 유대교도 앎과 삶 사이에는 큰 괴리가 존재한다. 그 이유는 너무나 간단하다! 그들의 삶을 지배하는 성령의 능력이 그들 안에 존재하지 않기 때문이다. 비록 그들이 다른 사람들을 인도하는 지도자의 대열에 있지만, 그들은 그들이 가르치는 내용을 삶에 실천할 수 있는 능력을 가지지 못했다. 결국, 유대교인들은 외식外飾과 위선僞善의 삶을 살 수밖에 없었다.

그들은 (1) 도둑질하지 말라고 가르치나, 실제로는 누구 못지않게 도둑질을 한다. (2) 간음하지 말라고 입으로는 떠들지만, 삶의 현장에서는 간음하는 이중적인 인간들이다. (3) 우상을 가증히 여기는 사람들이 하나님에게 드려진 헌금을 도둑질하는 사람들, 곧 헌금 숭배자들이다. (4) 그들은 율법을 자랑하며 그 율법 연구와 전수에 생애를 걸지만, 항상 율법을 범하는 자들이다 (2:21-23a).

이런 작태를 보신 예수님은 얼마나 마음이 답답하셨으면 이렇게 말씀하셨는가? "그러므로 무엇이든지 그들이 말하는 바는 행하고 지키되, 그들이 하는 행위는 본받지 말라" (마 23:3). 이런 작자들은 엄밀히 말하면 하나님을 믿지 않는 자들이다. 하나님을 믿는다면, 모든 것을 다 아시는 하나님이 그들의 행위를 알알이 심판하신다는 사실 때문에 감히 그렇게 행하지 못할 것이다.

유대인들의 이런 작태는 하나님을 전하기는커녕 오히려 "하나님을 욕되게 한다" (2:23b). 바울 사도는 한발 더 나아가서 그들의 잘못된 행위 때문에 하나님의 영광이 가리어진다고 이렇게 진단했다, "기록된 바와 같이 하나님의 이름이 너희 때문에 이방인 중에서 모독을 받는도다" (2:24). 결국, 율법을 통하여 하나님을 안다고 하는 유대인들은 아이러니컬하게도 그들의 삶 때문에 하나님의 이름을 욕되게 한다.

이런 현상은 유대교에만 있는 것은 아니다. 무슬림과 불교는 물론 천주교와 기독교에서도 비일비재하다. 무슬림과 불교는 그렇다 하더라도, 어떻게 천주교와 기독교에서도 그런 일이 가능한가? 그 이유는 간단하다! 그들 중 많은 사람들이 성령으로 거듭나지 못했기 때문이다. 간혹 거듭났다손 치더라도 성경의 가르침을 하나님의 말씀으로 받아들이지 않는 불신앙 때문이다. 그리고 그들의 작태 때문에 하나님의 이름이 불신자들 가운데서 욕을 먹는다.

"네가 율법을 행하면 할례가 유익하나 만일 율법을 범하면 네 할례는 무할례가 되느니라. 그런즉 무할례자가 율법의 규례를 지키면 그 무할례를 할례와 같이 여길 것이 아니냐? 또한 본래 무할례자가 율법을 온전히 지키면 율법 조문과 할례를 가지고 율법을 범하는 너를 정죄하지 아니하겠느냐? 무릇 표면적 유대인이 유대인이 아니요, 표면적 육신의 할례가 할례가 아니니라. 오직 이면적 유대인이 유대인이며 할례는 마음에 할지니, 영에 있고 율법 조문에 있지 아니한 것이라. 그 칭찬이 사람에게서가 아니요 다만 하나님에게서니라." (2:25-29).

이미 언급한 바 있지만, 유대인은 생후 8일째 되는 날 할례를 받는다. 할례는 하나님이 아브라함과 언약을 맺으면서 그 언약의 표징으로 주셔서 시작되었다 (창 17:11). 그런 이유 때문에 유대인에게 할례는 크나큰 자랑거리이며, 긍지의 표지였다. 그들의 몸에 이 표징을 가지고 있는 한, 그들에게 기업과 번영을 주겠다는 언약을 가지고 있었다. 그런데, 그 할례가 하나님의 약속대로 언약의 표징이 되기 위해서 유대인이 해야 할 일이 있었다.

그것은 모든 율법을 항상 지키는 것이었다. 만일 율법 중 하나라도 깨뜨리면, 그 할례가 무할례처럼 되는 것이다. 왜냐하면 할례는 유대인이 지키는 최초의 율법 행위였기 때문이다. 그러니까 할례가 유효하기 위해서는 다른 율법을 지켜야 한다. 바울 사도가 다른 곳에서 할례와 율법의 관계를 이렇게 설명했다, "내가 할례를 받는 각 사람에게 다시 증언하노니 그는 율법 전체를 행할 의무를 가진 자라"(갈 5:3).

이런 사실에도 불구하고, 유대인들은 종종 율법을 범하면서도 할례에 대한 긍지는 대단하다. 다시 말하거니와 율법 중 하나라도 범하면 그들의 몸에 있는 할례가 의미를 잃어 무할례처럼 여겨진다. 바울 사도의 말을 다시 인용해보자, "네가 율법을 행하면 할례가 유익하나 만일 율법을 범하면 네 할례는 무할례가 되느니라"(롬 2:25). 이 말씀에서 '율법을 행하면'은 이렇게 설명할 수 있다, '모든 율법을 항상 행하면.'

바울 사도의 진단을 더 보자, "무릇 표면적 유대인이 유대인이 아니요, 표면적 육신의 할례가 할례가 아니니라"(2:28). 그러니까 유대인이라고 해서, 그리고 할례를 받았다고 해서 반드시 삶의 허무와 죽음의 한계를 해결하지 못한다는 것이다. 바울 사도는 유대인이 그토록 자랑하는 할례에 대하여 이런 결론을 맺는다, "오직 이면적 유대인이 유대인이며, 할례는 마음에 할지니 영에 있고 율법 조문에 있지 아니한 것이라"(2:29).

이 말씀에 의하면, 삶의 허무와 죽음의 문제의 해결은 할례와 율법으로는 불가능하다. 비록 유대교인으로서 할례도 받고 율법도 가졌지만, 성령으로 거듭나지 않으면 그런 율법의 행위로는 죄와 죽음의 문제를 해결할 수 없다. 그런 이유 때문에 '할례는 마음에 하라'고 간언(諫言)한다. 이 말씀은 할례를 받을 때 육체적으로 고통스러운 것처럼, 삶의 허무와 심판의 실제 때문에 마음으로 아파하면서 회개해야 성령으로 다시 태어난다는 것이다.

율법을 지키려는 유대인들에 대한 바울 사도의 진단을 더 알아보자. 그의 진단에 의하면, 지킬 수 없는 율법을 지키려고 하는 것 자체가 저주를 받았다는 것이다. 그의 말을 직접 들어보자, "무릇 율법 행위에 속한 자들은 저주 아래에 있나니, 기록된 바 누구든지 율법 책에 기록된 대로 모든 일을 항상 행하지 아니하는 자는 저주 아래에 있는 자라 하였음이라" (갈 3:10). 그렇다! 한 번 율법을 지키기 시작하면 모든 법을 항상 지켜야 될 의무가 있다.

그런데 불행하게도 유대인들은 생후 8일째 되는 날 할례를 받음으로, 그날부터 모든 율법을 지킬 의무를 갖게 된다. 그러나 비록 할례를 받았지만, 그 이후 모든 율법을 항상 지킨다는 것은 절대로 불가능하다. 그런데도 불구하고 그들은 그렇게 일찍 할례를 받음으로 모든 율법을 지켜야만 하는 의무에 사로잡히게 된다. 유대인들은 생후 8일부터 할례를 받음으로 그날부터 저주 아래 있게 된 것이다. 얼마나 불행한가!

"그런즉 유대인의 나음이 무엇이며 할례의 유익이 무엇이냐? 범사에 많으니 우선은 그들이 하나님의 말씀을 맡았음이니라. 어떤 자들이 믿지 아니하였으면 어찌하리요? 그 믿지 아니함이 하나님의 미쁘심을 폐하겠느냐? 그럴 수 없느니라! 사람은 다 거짓되되 오직 하나님은 참되시다 할지어다. 기록된 바 주께서 주의 말씀에 의롭다 함을 얻으시고 판단 받으실 때에 이기려 하심이라 함과 같으니라. 그러나 우리 불의가 하나님의 의를 드러나게 하면 무슨 말 하리요. 내가 사람의 말하는 대로 말하노니 진노를 내리시는 하나님이 불의하시냐? 결코 그렇지 아니하니라! 만일 그러하면 하나님께서 어찌 세상을 심판하시리요? 그러나 나의 거짓말로 하나님의 참되심이 더 풍성하여 그의 영광이 되었다면 어찌 내가 죄인처럼 심판을 받으리요? 또는 그러면 선을 이루기 위하여 악을 행하자 하지 않겠느냐? 어떤 이들이 이렇게 비방하여 우리가 이런 말을 한다고 하니 그들은 정죄 받는 것이 마땅하니라."(3:1-8).

할례와 율법은 유대인들로 하여금 저주 아래로 인도한다면, 하나님의 언약에 따라 주신 할례와 율법을 지키는 유대인들에게 아무런 유익도 없단 말인가? 바울 사도의 질문이다, "그런즉 유대인의 나음이 무엇이며, 할례의 유익이 무엇이냐?" (3:1). 본인도 유대인인 바울 사도는 유대인의 유익이 많다고 강변한다. 많은 유익 중 가장 중요한 것은 유대인들이 "하나님의 말씀을 맡았다"는 사실이다 (3:2).

하나님의 말씀에는 많은 것이 내포되어 있는데, 그 가운데는 율례와 절기도 있다. 그런가 하면 약속과 명령도 있다. 그뿐 아니라, 창조와 타락의 이야기도 있으며, 이스라엘의 흥망성쇠도 들어있다. 그러나 여기에서 '하나님의 말씀을 맡았다'는 것은 구원의 말씀을 가리킨다.[6] 하나님은 유대인들을 애굽으로부터 구원해내시겠다고 누누이 약속하셨는데, 곧 구원의 언약이었다 (창 15:14; 28:4, 15).

그뿐 아니라, 하나님은 바벨론에 잡혀간 유대인들을 다시 구원해서 본토로 돌아오게 하시겠다는 구원의 말씀도 주셨다. 한 곳만 인용하자, "내가 너희를 여러 나라 가운데에서 인도하여 내고 여러 민족 가운데에서 모아 데리고 고국 땅에 들어가서, 맑은 물을 너희에게 뿌려서 너희로 정결하게 하되, 곧 너희 모든 더러운 것에서와 모든 우상 숭배에서 너희를 정결하게 할 것이며, 또 새 영을 너희 속에 두고 새 마음을 너희에게 주리라"(겔 36:24-26).

유대인들은 바벨론 이후에도 역시 나라를 잃고 디아스포라의 삶을 살았다. 그때에도 하나님은 그들에게 구원의 약속을 주셨는데, 그 약속은 주님의 재림과 더불어 이루어지는 언약이었다. "내가 또 내 영을 너희 속에 두어 너희가 살아나게 하고, 내가 또 너희를 너희 고국 땅에 두리니 나 여호와가 이 일을 말하고 이룬 줄을 너희가 알리라. 여호와의 말씀이니라"(겔 37:14). 그렇다! 유대인들에게 주어진 하나님의 말씀은 구원의 말씀이었다.

바울 사도는 두 번째 질문을 던진다, "어떤 자들이 믿지 아니하였으면 어찌하리요? 그 믿지 아니함이 하나님의 미쁘심을 폐하겠느냐?"(3:3). 이 말씀의 뜻은 이렇다. 유대인들은 대부분 하나님의 구원의 약속을 믿지 않았고 따라서 구원을 경험하지 못했다. 그렇다면 하나님의 약속은 무효가 되었느냐는 질문이다. 물론 그렇지 않다! 하나님은 신실하시고 참되시기에 그 구원의 약속은 변치 않는다.

그런데 구원의 약속은 하나님이 그들을 징계하시거나 심판하실 수 없다는 뜻이 아니다. 유대인들 대부분이 하나님의 약속을 믿지 않고 불의를 행하자 하나님은 그들을 엄하게 문책하셨다. 그 결과 그들은 나라를 잃기도 했다. 그럼에도 불구하고 하나님이 구원하시겠다는 약속은 변치 않는다. 오히려 유대인들이 믿지 않았기에 심판을 받았지만, 궁극적으로 그들을 구원하심으로 하나님은 여전히 의로우시고 그리고 최후의 승자가 되신다.

당연히 세 번째 질문이 따른다, "그러나 우리 불의가 하나님의 의를 드러나게 하면 무슨 말 하리요?"(3:5). 유대인들의 불신에도 불구하고 그들을 구원하심으로 하나님이 의로우신 분으로 판명되시면, 결국 "우리 불의가 하나님의 의를 드러나게 한 것이 아니냐?"는 질문이다. 인간의 불의를 이용하여 하나님의 의가 드러났다면, 하나님도 불의하신 분이 아니냐는 질문이다. 이에 대하여 바울 사도는 단호하다, "결코 그렇지 아니 하니라!" (3:6).

바울 사도의 변증은 계속된다. 만일 하나님이 불의하시면, 하나님은 더 이상 하나님도 아니며 따라서 세상을 심판하실 수 없다 (3:6). 유대인들은 거짓말쟁이이나 하나님은 참되시며 (3:7), 그들은 불의하나 하나님은 의로우시고 (3:5), 그들은 신실하지 못하나 하나님은 신실하시다 (3:3). 그분은 당신이 유대인들에게 주신 구원의 약속도 신실하게 지키시며, 마침내 유대인들도 구원을 경험하고 세상을 위하여 제사장의 역할을 감당할 것이다.

4) 죄론의 결론

"그러면 어떠하냐? 우리는 나으냐? 결코 아니라! 유대인이나 헬라인이나 다 죄 아래에 있다고 우리가 이미 선언하였느니라. 기록된 바 의인은 없나니 하나도 없으며, 깨닫는 자도 없고 하나님을 찾는 자도 없고, 다 치우쳐 함께 무익하게 되고, 선을 행하는 자는 없나니 하나도 없도다. 그들의 목구멍은 열린 무덤이요, 그 허로는 속임을 일삼으며, 그 입술에는 독사의 독이 있고, 그 입에는 저주와 악독이 가득하고, 그 발은 피 흘리는 데 빠른지라. 파멸과 고생이 그 길에 있어, 평강의 길을 알지 못하였고, 그들의 눈앞에 하나님을 두려워함이 없느니라 함과 같으니라."(3:9-18).

온갖 죄에 연루된 비도덕인들이 죄인이라는 것은 너무나 분명하다. 그뿐 아니라, 남을 판단하는 도덕인들의 죄도 말할 수 없이 크다. 비도덕인들의 죄가 겉으로 드러난 외적 행위라면, 도덕인들의 죄는 드러나지 않는 내적인 것이다. 따라서 그들이 비도덕인들이건 도덕인들이건 모두 죄인이다. 그런데 이런 이방인들은 두말할 필요도 없이 죄인이며, 하나님의 심판을 결코 피할 수 없다. 너무나 당연한 결론이다.

그렇다면 유대인은 어떤가? 그들은 하나님을 자랑하는 사람들이기에 죄인이 아닌가? 유대인들의 질문이다, "그러면 어떠하냐? 우리는 나으냐?"(3:9a). 바울 사도의 대답은 너무나 분명하다, "결코 아니라!"(3:8b). 그렇다면 하나님을 전혀 모르는 이방인과 하나님을 아는 유대인 사이에 아무런 차이도 없단 말인가? 인생의 허무와 죽음의 한계에 관한 한 조금도 차이가 없다. 유대인이나 이방인이나 똑같이 죄인이다.

바울 사도의 결론적 선언이다, "유대인이나 헬라인이나 다 죄 아래에 있다고 우리가 이미 선언하였느니라"(3:9c). "죄 아래에 있다"는 말은 죄의 영역에서 벗어나지 못한다는 뜻이다.[7] 유대인을 앞세운 것은 유대인의 죄가 헬라인, 곧 이방인보다 크며, 따라서 심판도 그만큼 크다는 뜻이다. 유대인은 이방인보다 더 많은 하나님의 계시를 받았기 때문이다. 이방인은 만물과 양심이 고작이지만, 유대인은 그 외에 율법과 하나님의 말씀을 받았기 때문이다.

그렇게 선언한 후 바울 사도는 유대인이든 이방인이든 모든 인간이 얼마나 심각하게 타락했는지 다섯 가지로 그 타락상을 묘사했다. 바울 사도는 그 타락상을 묘사하기 위하여 그의 말로가 아니라 하나님의 말씀으로 한다 (3:11-12). 그것을 다음과 같이 도해해 보자:

바울의 진단	의미
(1) "의인은 없나니 하나도 없으며" ⟶	영적 타락
(2) "깨닫는 자도 없고" ⟶	지적 타락
(3) "하나님을 찾는 자도 없고" ⟶	심적 타락
(4) "다 치우쳐 함께 무익하게 되고" ⟶	사회적 타락
(5) "선을 행하는 자는 없나니" ⟶	도덕적 타락

이 진단에서 가장 중요한 것은 두말할 필요도 없이 영적 타락이다. 왜냐하면 하나님과 관계를 갖지 못하는 것이 다른 모든 타락의 근원이기 때문이다. 지적 타락은 머리의 타락을 가리키고, 심적 타락은 마음의 타락을 가리킨다. 머리와 마음이 타락하면 자연히 도덕적으로도 타락하고, 또 도덕적으로 타락한 사람들은 사회적으로도 타락한 모습을 보일 수밖에 없다. 그러므로 위의 다섯 가지 타락은 그 영향력에 있어서 위에서부터 아래로 내려온다.

이렇게 타락한 죄인은 당연히 그의 말과 행실에서 그처럼 타락한 모습이 드러날 수밖에 없다. 인격character과 행실conduct은 분리될 수 없으며, 어떻게 보면 하나라고 해도 지나친 말이 아닐 것이다. 바울 사도는 타락한 죄인의 가장 두드러진 행실이 바로 그의 말이라고 진단한다. "그들의 목구멍은 열린 무덤이요, 그 혀로는 속임을 일삼으며, 그 입술에는 독사의 독이 있고, 그 입에는 저주와 악독이 가득하고"(3:13-14).

입의 위치는 정확하게 위로 머리와 아래로 가슴 사이에 있다. 타락한 머리와 마음에서 나오는 것이 타락 이외에 무엇이 나올 수 있는가? 바울 사도는 말이 형성되는 순서대로 타락상을 묘사했는데, 첫 단계는 열린 무덤인 목구멍이다. 무덤에 뚜껑을 닫는 이유 중 하나는 무덤에 있는 시체가 썩는 냄새를 차단하기 위함이다. 그런데 죄인의 목구멍은 열린 무덤이다. 아무런 차단 장치 없이 썩는 냄새가 뿜어져 나온다는 묘사이다.

말이 되기 위한 둘째 단계는 혀이다. 혀가 오르락내리락하면서 말을 만들기 때문이다. 그런데 그 혀를 날름거리며 속임을 베푼다는 것이다. 셋째 단계는 입술인데, 입술이 오므라들었다 떨어졌다 하면서 말을 만든다. 그런데 그 입술로는 독사의 독이 뿜어져 나온다는 것이다. 마지막 단계가 바로 입이다. 입은 목구멍과 혀와 입술을 종합한 기관인데, 그 입은 저주와 악독이 가득하다는 것이다.

완전히 타락한 죄인의 그다음 행실은 발이다. 발은 인생의 방향을 뜻하는데, 타락한 머리와 가슴이 이끄는 대로 따라간다. 바울 사도의 진단이다, "그 발은 피 흘리는 데 빠른지라. 파멸과 고생이 그 길에 있어, 평강의 길을 알지 못하였고"(3:15-17). 죄인의 인생은 다른 사람을 세워주는 대신 헐뜯으며 무너뜨리기 위해서 동분서주한다. 다른 사람의 불행을 찾는 사람의 길은 평강이 아니라 파멸일 뿐이다.

바울 사도의 마지막 진단을 보자, "그들의 눈앞에 하나님을 두려워함이 없느니라 함과 같으니라"(3:18). 이 진단은 너무나 중요하다. 왜냐하면 인간의 다섯 가지 타락상, 더러운 입 및 잘못된 발길은 모두 하나님을 두려워하지 않기에 오는 모습이기 때문이다. 하나님이 없다고 하면서 그분에게 영광을 돌리지 않는 죄인은 필연적으로 타락할 수밖에 없다. 그뿐 아니라, 그의 행실은 악하고 잔인할 수밖에 없다.

이처럼 완전히 타락한 죄인이 삶의 허무와 죽음의 한계를 극복하기 위하여 할 수 있는 것이 무엇인가? 물론 아무 것도 없다! 바울 사도는 그 사실을 이렇게 표현하였다, "우리가 알거니와, 무릇 율법이 말하는 바는 율법 아래에 있는 자들에게 말하는 것이니, 이는 모든 입을 막고, 온 세상으로 하나님의 심판 아래에 있게 하려 함이라" (3:19). 이 말씀에서 '율법'은 모세의 율법을 가리키지 않고, 모든 법을 망라한 것이다. [8]

왜 율법이 모세의 율법이 아닌지 그 이유도 분명한데, 바울 사도가 이렇게 말했기 때문이다, "이는 모든 입을 막고, 온 세상으로 하나님의 심판 아래에 있게 하려 함이라." 이 말씀에서 '모든 입'과 '온 세상'은 유대인뿐 아니라 이방인도 포함하고 있기 때문이다. 결국 모든 죄인은 유대인이든 이방인이든 '율법' 아래에 있다. 이방인의 경우엔 자연의 법과 양심의 법이나, 유대인에겐 자연의 법과 양심의 법 이외에 모세의 법이 있다.

결국, 모든 죄인은 법의 지배를 받으나, 그 법을 다 지키지 못하므로, 하나님의 심판을 피할 수 없다. 비도덕인의 경우, 자연의 법 때문에 핑계할 수 없다, "창세로부터 그의 보이지 아니하는 것들 곧 그의 영원하신 능력과 신성이 그가 만드신 만물에 분명히 보여 알려졌나니, 그러므로 그들이 핑계하지 못할지니라" (1:20). 도덕인의 경우, 하나님의 의로운 심판을 면할 재간이 전혀 없다 (2:5).

유대인의 경우, 자연의 법과 양심의 법 위에 모세의 율법이 그의 죄를 적나라하게 드러낸다. 그가 하나님 앞에서 어떤 구실도 말할 수 없기에 오직 하나님의 심판을 기다릴 뿐이다. 바울 사도가 선언한 대로 유대인을 포함하여 "모든 입을 막고, 온 세상으로 하나님의 심판 아래에 있게 하려 함이라." 그렇다! 어떤 누구도 법을 지켜서 삶의 허무와 죽음의 한계를 극복할 수 없다.

이처럼 완전히 타락한 죄인이 어떻게 해야 의롭게 될 수 있는가? 물론 그 방법은 없다. 바울 사도의 선언이다, **"그러므로 율법의 행위로 그의 앞에 의롭다 하심을 얻을 육체가 없나니, 율법으로는 죄를 깨달음이니라"** (3:20). 어떤 법이든 그 법의 목적은 죄를 깨닫게 하기 위함이다. 완전히 타락한 죄인은 법을 통하여 그가 죄인인 사실을 깨달을 뿐이지 결코 스스로를 구원할 수 없다. 완전히 무능하기 때문이다!

5. 구원론

인간의 모습은 누가 보느냐에 따라 다른데, 첫째, 내가 본 '나'의 모습이다. 둘째, 다른 사람들이 '나'를 보는 모습이다. 셋째, 하나님이 보시는 '나'의 모습이다. 바울 사도는 죄론에서 하나님이 보시는 '나'를 묘사했다. 그 목적은 '내'가 하나님의 심판을 피할 수 없는 죄인이라는 사실을 알려주기 위함이었다. 그렇게 하나님이 보시는 것처럼 '나'를 본 죄인은 구원받을 수 있다. 바울 사도를 통하여 하나님이 보시는 '내'가 드러났기 때문이다.

바울 사도는 지금까지 삶의 허무와 죽음의 한계가 왜 생겼는지 알려주었는데, 그 이유는 한 마디로 하나님 대신 우상을 섬겼기 때문이다. 그 우상이 가시적인 것일 수도 있고 비가시적인 것일 수도 있다. 유대인의 경우 하나님보다 율법을 더 중요시하는 우상일 수도 있다. 그것이 어떤 우상이든 상관없이 우상숭배는 하나님을 거부한 행위이며, 따라서 모든 인간은 하나님과 관계가 단절된 상태에서 살고 있다.

그렇다면 인간은 그를 창조하신 하나님과 어떻게 관계를 회복할 수 있는가? 그 방법이 바로 구원론이다 (3:21-5:11). 지금까지 인간의 죄와 심판을 제시했다면, 이제부터는 용서와 의를 제시하겠다는 것이다. 그런 이유 때문에 구원론을 시작하는 3장 21절의 첫 단어는 '그러나'이다. 그런데 불행하게도 국어 성경에는 이 단어가 생략되었다.[9] 바울 사도는 '그러나'를 사용함으로 지금부터 흐름이 전혀 다른 반전反轉을 시도하겠다는 것이다.

국어성경에서 반전을 시도한 단어는 '이제는'이다. 지금까지 죄에 대한 분석과 심판에 대한 실제는 모두 과거지사過去之事가 될 수 있다는 말이다. 비록 인간이 지금까지는 인생의 허무와 죽음의 한계에 시달리면서 살았지만, '이제는' 전혀 다른 삶을 살 수 있는 방향전환이 가능하다는 것이다. 이런 표현으로 시작되는 구원론의 개요를 보면 다음과 같다:

구분	구원의 순서	구원의 방법
3:21-31	죽음	하나님의 의
4:1-25	믿음	아브라함의 의
5:1-11	구원	전가된 의

1) 죽음

구원론에서 가장 중요한 부분이 3장 21-26절인데, 이 부분은 로마서 전체에서도 가장 중요하다. 실제로 신약성경 전체에서 구원론을 이처럼 명료하게 다룬 곳은 달리 찾아보기 어려울 정도이다. 그런 까닭에 혹자는 이 부분을 복음의 금강석이라고도 하고, 복음

의 엑기스라고도 한다. 이처럼 중요한 말씀을 인용해 보자:

"이제는 율법 외에 하나님의 한 의가 나타났으니 율법과 선지자들
에게 증거를 받은 것이라. 곧 예수 그리스도를 믿음으로 말미암아
모든 믿는 자에게 미치는 하나님의 의니 차별이 없느니라. 모든 사
람이 죄를 범하였으매 하나님의 영광에 이르지 못하더니, 그리스
도 예수 안에 있는 속량으로 말미암아 하나님의 은혜로 값 없이 의
롭다 하심을 얻은 자 되었느니라. 이 예수를 하나님이 그의 피로써
믿음으로 말미암는 화목제물로 세우셨으니 이는 하나님께서 길
이 참으시는 중에 전에 지은 죄를 간과하심으로 자기의 의로우심
을 나타내려 하심이니, 곧 이 때에 자기의 의로우심을 나타내사 자
기도 의로우시며 또한 예수 믿는 자를 의롭다 하려 하심이라."

이 부분에서 '그러나'도 은혜로운 표현이며, '이제는'도 은혜로운
표현이다. 그런데 '율법 외에'라는 표현도 못지않게 은혜롭다. 왜냐
하면 지금까지 바울 사도는 어떤 법으로도 인간은 삶의 허무와 죽음
의 문제를 해결할 수 없다는 사실을 명명백백하게 밝혔다. 어떤 사
람도 율법을 통하여 하나님과의 관계를 회복할 수 없다. 다시 말해
서, 인간의 노력으로는 결코 불가능한 일이라는 사실이 판명되었다.
    그런 이유 때문에 바울 사도는 **'율법 외에'**라고 표현했다. 다시 말
해서, '율법 밖에서,' 또는 '율법과 상관없이'라는 뜻이다. 인간의 방
법은 노력과 종교라는 굴레를 통하여 구원에 이르려는 것이지만, 하
나님의 생각은 전혀 다르다. "…불의한 자는 그의 생각을 버리고 여
호와께로 돌아오라. 그리하면 그가 긍휼히 여기시리라…이는 내 생

각이 너희의 생각과 다르며 내 길은 너희의 길과 다름이니라" (사 55:7-8).

구원을 위한 하나님의 생각은 무엇인가? '하나님의 의'였는데, 하나님은 그 의를 나타내셨다. '나타내셨다'는 지금까지 숨겨졌거나 알려지지 않았던 것을 드러내는 것을 뜻한다.[10] 지금까지 '하나님의 의'를 통하여 죄인이 구원받을 수 있다는 것은 비밀이었다. 그렇게 어두움에 휩싸인 무지몽매한 인간은 우상과 노력을 통하여 구원받기를 원했다. 그런데 그런 어두움 속에 있는 인간에게 하나님이 그 의를 계시하셨다.

이미 '하나님이 의'에 대하여 로마서 1장 17절을 설명하면서 도해한 바 있다. 그 설명을 다시 요약하면 하나님의 의는 두 가지인데, 하나는 심판의 의이고 다른 하나는 구원의 의이다. 심판의 의는 하나님의 거룩한 속성의 표현이고, 구원의 의는 하나님의 다른 속성, 곧 사랑의 속성의 표현이다. 그렇다! 하나님을 거부하고 우상 숭배와 인간의 노력으로 구원받으려는 죄인들은 심판을 받아 마땅하다.

그런데 하나님은 그렇게 심판을 받아야 하는 죄인들을 무조건 사랑하신다. 이 두 가지 속성을 만족시키지 못한다면 어떤 죄인도 구원받을 수 없다! 이미 도해와 설명을 통하여 제시한 것처럼, 죄인들 대신 예수 그리스도가 십자가에서 심판을 받으셨다. 그 심판은 온 인류를 위한 것이기에 참으로 혹독하고도 처절했다. 그렇게 예수님이 철저하게 심판을 받아 죽지 않으셨다면 죄인 자신들이 심판을 받아 죽어야 했다.

십자가에서 죄인들이 받을 심판을 받으신 예수 그리스도 때문에 그들은 심판을 받을 필요가 없게 되었다. 그들은 십자가 앞에 나와서 그들이 죄인이라는 사실을 고백하고, 그들을 대신하여 죽으셨다 부활하신 예수 그리스도를 믿고 영접하면 된다. 그러면 하나님이 그들을 조건 없이 용서하신 사랑을 경험하게 된다. 그렇다! '하나님의 의'가 이렇게 십자가에서 나타났기에, 인간은 더 이상 삶의 허무와 죽음의 한계를 두려워할 필요가 없게 되었다.

분명히 '하나님의 의'는 계시임에도 불구하고, 아무런 예증(例證)도 없이 나타난 것은 아니었다. 바울 사도는 그 의가 "율법과 선지자들에게 증거를 받은 것이라"고 부연 설명했다. 이 말씀에서 '율법'은 구체적으로 모세 오경을 가리키고, '선지자들'은 구약성경의 나머지를 가리킨다. 그러니까 '율법과 선지자들'은 구약성경 전체를 가리킨다 (눅 24:27). '하나님의 의'는 계시이지만, 이미 하나님은 구약에서 십자가의 심판과 사랑의 메시지를 예언하셨다.

십자가의 주인공은 바로 예수 그리스도이시다. 그러므로 바울 사도는 '율법과 선지자들에게 증거를 받은' 예수 그리스도라고 소개했다. 왜 그분을 믿는 것이 하나님의 의란 말인가? 이미 설명한 대로, 그분이 십자가에서 죽으심으로 하나님의 거룩과 사랑이 나타났기 때문이다. 그렇게 십자가에서 죽으신 예수 그리스도를 믿으면 하나님의 의가 믿는 자의 의로 전가된다. 이것을 바울 사도는 '믿는 자에게 미치는 하나님의 의'라고 표현했다.

예수 그리스도의 죽음이 미치는 구원은 가히 우주적이다. 우주적인 사실을 표현하는 단어가 22절에 두 개나 나오는데, 하나는 '모든 믿는 자'이고, 또 하나는 '차별이 없느니라'이다. 우선 '모든 믿는 자'를 보자. 그가 사는 곳이 어디인지 상관없다. 그는 많은 사람들이 무시하는 아프리카에 살 수 있다. 아니면 산속에서 미개하게 사는 부족에 속한 사람들일 수도 있다. 그런데 장소와 상관없이 그가 믿기만 하면 하나님의 의가 주어진다.

　어떤 종류의 인간이든 상관없다. 유대인들처럼 종교에 찌든 사람도 믿으면 된다. 아니면 각양각색의 범죄에 연루된 비도덕인이라도 믿으면 그의 모든 죄가 양털처럼 희어진다. 하나님이 말씀으로 약속하신대로이다, "너희의 죄가 주홍 같을지라도 눈과 같이 희어질 것이요 진홍 같이 붉을지라도 양털 같이 희게 되리라" (사 1:18). 다른 사람들을 판단하면서 스스로 깨끗하다고 여겼던 도덕인도 그의 교만을 버리고 믿으면 된다.

　그가 어느 시대에 살든지 상관없다. 그가 갖가지 문명을 자랑하는 현대에 살든, 아니면 미개하던 시대에 살든 상관없다. 왜냐하면 하나님의 의가 그에게서 나오는 것이 아니라, 예수 그리스도를 통하여 나오는, 그래서 하나님이 거저 주시는 선물이기 때문이다. '차별이 없다'는 표현도 '모든' 못지않게 우주적이다. 인간은 비도덕인, 도덕인, 종교인 등으로 차별하지만, 믿음을 통한 구원의 역사는 전혀 차별이 없다.[11]

　'모든 믿는 자'와 대조적인 표현이 있는데, 바로 '모든 사람이 죄인이라'는 표현이다 (3:23). 비록 '모든'이라는 단어가 믿는 자와 죄인에게 똑같이 사용되지만, 그 의미는 하늘과 땅 만큼 차이가 난다. '모든 죄인'에서 '모든'은 시간과 공간을 초월해서 이 세상에 존재하는 인간 전체를 가리킨다. 반면, '모든 믿는 자'는 하나님의 부르심을 받고 믿음을 통하여 하나님에게 나아온 사람들만을 가리킨다. 달리 표현하면 우주적 교회에 속한 사람들이다.

죄인은 하나님의 영광에 이르지 못한다고 하는데, '하나님의 영광'은 무엇을 뜻하는가? 하나님이 특별히 임재하실 때 인간은 그분의 영광이 임했다는 인식을 갖는다. 하나님이 첫 인간 아담을 창조하셨을 때 그 창조는 하나님의 영광이었다 (롬 1:20). 또한 예수 그리스도가 육신으로 이 세상에 태어나셨을 때도 역시 하나님의 영광이었다 (요 1:14). 그뿐 아니라, 예수 그리스도가 십자가에서 죽으셨다 다시 사신 것도 하나님의 영광이었다 (요 12:23, 28).

결국, 하나님의 영광이란 하나님의 임재를 뜻한다. 그러므로 "모든 사람이 죄를 범하였으매, 하나님의 영광에 이르지 못하더니"에서 (롬 3:23) 죄인은 하나님 앞으로 나아올 수 없다는 것을 뜻한다. 첫 인간 아담이 하나님의 명령을 어겼을 때, 그에게 임했던 하나님의 영광이 떠났다. 그 이후 모든 인간은 그런 하나님의 임재를 알지도 못하고 느끼지도 못하며, 나아오지도 못한다. 왜냐하면 인간은 하나님을 거부한 결과 그분과 관계가 단절되었기 때문이다.

그러나 그 인간이 하나님의 영광을 다시 경험할 수 있는 기회가 주어졌는데, 그것도 역시 하나님이 그 아들 예수 그리스도를 통해서였다. 바울 사도는 예수 그리스도가 십자가에서 죽으심으로 인간이 다시 하나님에게로 돌아올 수 있다고 했는데, 그 죽음을 24-25절에서 간단하지만 심도 깊게 설명했다. 이 두 절에서 바울 사도는 너무나 중요한 용어들을 사용했는데, 우선 속량과 화목제물에 대하여 알아보자.

속량의 가장 기본적인 뜻은 "값을 지불한 결과 자유를 얻다"이다.[12] 특히 노예가 많던 그 시대에 흔히 사용되던 용어이다. 그 당시 노예가 노예의 신분에서 벗어나려면 그의 몸값이 지불되어야만 했는데, 그 몸값이 바로 속량이다. 그런데 비록 대부분의 인간은 다른 사람에게 속한 노예는 아니지만, 죄에 속한 죄의 종이다. 예수님의 말씀대로이다, "진실로 진실로 너희에게 이르노니, 죄를 범하는 자마다 죄의 종이라" (요 8:34).

바울 사도도 같은 말을 했는데, 그의 말을 보자, "…너희가 본래 죄의 종이더니 너희에게 전하여 준 바 교훈의 본을 마음으로 순종하여, 죄로부터 해방되어 의에게 종이 되었느니라" (롬 6:17-18). 이 말씀대로 로마의 성도는 '죄로부터 해방되어 의에게 종'이 되었다. 어떻게 해방되었는가? 물론 그들이 마음으로 믿었기 때문이었지만, 그보다 더욱 중요한 것은 예수 그리스도가 그들의 죄의 값을 지불하셨기 때문이다.

바울 사도는 또 그 값을 예수님이 십자가에서 흘리신 피였다고 설명했다, "우리는 그리스도 안에서 그의 은혜의 풍성함을 따라 그의 피로 말미암아 속량 곧 죄 사함을 받았느니라" (엡 1:7). 그렇다! 예수 그리스도가 십자가에서 흘리신 피가 죄인들의 죄 값이 되지 않았다면, 어떤 죄인도 죄의 굴레에서 벗어날 수 없다. 그런데 이 말씀에 의하면, 속량은 값도 강조하지만, 동시에 값을 치룬 결과--죄 사함을 받은 결과--도 강조한다.[13]

바울 사도와 같은 어조로 피 값을 강조한 사람은 베드로이다. "너희가 알거니와 너희 조상이 물려 준 헛된 행실에서 대속함을 받은 것은 은이나 금 같이 없어질 것으로 된 것이 아니요, 오직 흠 없고 점 없는 어린 양 같은 그리스도의 보배로운 피로 된 것이니라" (벧전 1:18-19).[14] 이 말씀에서 죄의 값은 인간적으로 은이나 금으로는 절대 안 되고, 오직 그리스도의 피로만 가능하다. '보배로운'이란 형용사를 붙인 것은 은과 금과 대조하기 위함이었다.

속량에 대하여 한 가지 덧붙이지 않으면 안 될 것이 있다. 노예가 몸값이 지불되었기에 자유를 찾았지만, 그는 몸값을 지불해준 사람에게 큰 사랑의 빚을 진 것이다. 마찬가지로 죄의 종이었던 사람이 예수 그리스도의 보배로운 피 값으로 죄로부터 해방되었다. 그는 그리스도 예수에게 큰 사랑의 빚을 진 것이다. 사랑의 빚만 진 게 아니라, 그는 새 주인을 맞이한 것이다. 그는 기쁨으로 그를 위하여 값진 대가를 지불해주신 그분의 종이 된 것이다.

그다음 화목제물에 대하여 알아보자. 바울 사도가 화목제물을 묘사할 때 힐라스테리온^{ἱλαστήριον}이란 용어를 사용한 것은 깊은 뜻이 담겨있다. 왜냐하면 히브리서 저자는 성막의 지성소 안에 있는 속죄소를 언급할 때 같은 언어를 사용하였기 때문이다 (히 9:5). 속죄소는 언약궤의 뚜껑인데, 순금으로 만들었다. 그 언약궤 안에는 십계명이 기록된 두 돌 판이 들어있었다 (출 25:16-17). 그리고 그 뚜껑 위에 하나님이 좌정하셨다.

속죄소의 역할은 일차적으로 뚜껑, 곧 덮개였다. 히브리어로 속죄소를 카포렛^{כַּפֹּרֶת}이라고 하는데, 이 명사는 '덮다'라는 동사인 키프롯에서 유래한다.[15] 그렇다면 무엇으로부터 덮어준단 말인가? 두 가지인데, 하나는 두 돌 판의 정죄이고, 또 하나는 하나님의 불꽃같은 눈이다. 두 돌 판의 정죄는 이해하기 쉬운데, 어떤 이스라엘 사람도 그 곳에 기록된 10계명을 항상 지키지 못했다. 그런 까닭에 그들은 죄인이다!

또 하나는 하나님의 정죄인데, 하나님은 거룩하시기에 어떤 죄악도 간과하지 않으신다. 그 죄악에 대하여 하나님은 진노하신다. 그리고 그 진노가 실현되면 바로 심판이다. 그러니까 이스라엘 백성은 아래로는 율법이 그들을 정죄하고, 위로는 하나님의 진노가 그들을 덮고 있었다. 그들의 죄가 가리어지고, 덮어지지 않는다면 그들은 한순간도 하나님 앞에 나아갈 수 없었다. 그런 이유 때문에 언약궤의 뚜껑을 속죄소, 곧 죄를 덮어주는 곳이라 불린다.

그런데 뚜껑만으로는 이스라엘 백성의 죄악이 다 해결되지 않기에 하나님은 그 속죄소 위를 피로 덮으라고 하셨다. 그 명령은 이스라엘의 종교력 7월에 시행되었다. 이스라엘 백성은 일 년에 한 번씩 성막에 모여서 죄를 용서받아야 했다. 그 방법은 대제사장이 염소의 피로 속죄소 위에 일곱 번 뿌려야 했다. 두말할 필요도 없이 일곱 번 뿌린다는 것은 완전히 덮는다는 뜻이다. 그러니까 그들은 피 때문에 그들의 죄악이 덮어진 것이다.

바울 사도가 속량과 화목제물을 사용한 것은 다분히 이런 유대인의 제사를 염두에 두었음에 틀림없다. 성막을 보면서 더 설명해 보자:

이스라엘 백성은 속죄일인 7월 10일에 성막에 모여서 그들의 죄악을 용서받아야 했다. 그날 그들을 위하여 대신 염소 한 마리를 죽여서 그 피를 취한 후 염소는 번제단 위에 제물로 드렸다. 대제사장은 한 손에 피가 담긴 그릇을 잡고, 다른 손에 성소에 있는 금향로를 잡고 하나님이 좌정하신 지성소로 들어갔다. 그리고 하나님과 자신 사이에 향연으로 가렸는데 그렇지 않으면 죽기 때문이었다. 그

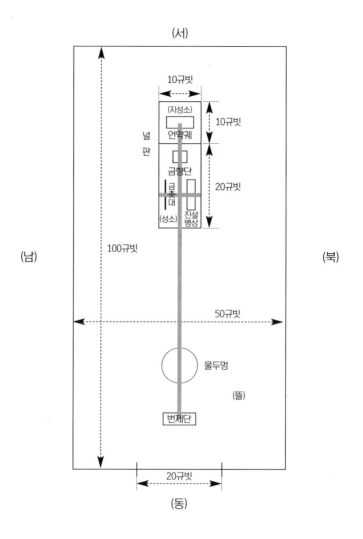

(서)

10규빗

(지성소)

10규빗

언약궤

널
판

금향단

20규빗

금
촛
대

(성소)

진설
병상

(남)

100규빗

(북)

50규빗

물두멍

(뜰)

번제단

20규빗

(동)

후 그는 염소의 피를 속죄소 위에 일곱 번 뿌렸다.

왜 피를 속죄소 위에 일곱 번이나 뿌렸는가? 그 이유는 하나님의
진노를 풀어드리기 위해서였다. 왜냐하면 비록 염소가 이스라엘 백
성을 대신하여 죽었지만, 그들의 죄악에 대한 하나님의 진노가 풀
리지 않으면 그들은 여전히 하나님의 심판을 받을 것이기 때문이

다. 그런데 대제사장이 염소의 피를 속죄소 위에 일곱 번 뿌림으로 하나님의 진노가 풀어졌고, 그리고 이스라엘 백성의 죄는 완전히 덮어졌던 것이다.

이제 바울 사도가 왜 속량과 화목제물을 함께 사용했는지 알게 되었다. 그는 처음부터 하나님의 진노를 심각하게 제시한 바 있었다, "하나님의 진노가 불의로 진리를 막는 사람들의 모든 경건하지 않음과 불의에 대하여 하늘로부터 나타나나니" (롬 1:18). 그렇다! 하나님의 진노는 아래에서 각종 법을 깨뜨린 죄인들에게 위로부터 나타난다. 그런데 여기에 복음이 있는데, 곧 예수 그리스도의 피가 속량과 화목제물이 되었다.

히브리서 저자의 의미심장한 말을 인용해보자, "염소와 송아지의 피로 하지 아니하고, 오직 자기의 피로 영원한 속죄를 이루사 단번에 성소에 들어가셨느니라" (히 9:12). 이스라엘을 위한 속죄일에 뿌린 것은 동물의 피였는데, 그 피의 효력은 고작 일 년이었다. 그러나 예수 그리스도는 당신의 피로 영원한 속죄를 이루셨다. 더 이상 제물과 제사도 필요하지 않게 되었을 뿐 아니라, 더 이상 다른 피가 필요하지 않게 되었다는 말이다.

그렇다! 예수 그리스도는 죄의 값, 곧 속량을 위해서도 십자가에서 피를 흘리시고, 하나님의 진노를 풀어드리기 위해서도 피를 흘리셨다. 이 사실은 너무 중요하기에 도해로 다시 강조하자:

예수 그리스도가 이처럼 십자가에서 피를 흘리신 것은 죄인들을

위한 하나님의 은혜였다. 그리고 그 은혜 때문에 죄인들은 어떤 노력이나 희생을 치루지 않고 '값없이 의롭다 하심'을 얻은 것이다. '의롭다 하심'이란 하나님이 그들의 모든 죄악을 다 용서하셨을 뿐 아니라, 기억도 하지 않으신다는 뜻이다. 히브리서가 선포한 대로이다, "또 그들의 죄와 그들의 불법을 내가 다시 기억하지 아니하리라"(히 10:17).

그렇게 죄를 한 번도 짓지 않은 것처럼 여겨주시기에 그들은 하나님처럼 의롭게 된 것이다. 적어도 하나님이 보시는 한 그들은 하나님처럼 의로워졌다. 하나님은 십자가에서 심판의 의와 구원의 의를 나타내셨고, 그 결과 예수 그리스도를 믿는 모든 자는 의롭다 하심을 받은 것이다. 바울 사도의 선언대로이다, "곧 이 때에 자기의 의로우심을 나타내사 자기도 의로우시며 또한 예수 믿는 자를 의롭다 하려 하심이라"(3:26).

바울 사도는 복음의 금강석인 3장 21-26에 대한 결론을 내리면서 3장을 마무리했다. 그런데 그가 결론을 내리는 형태는 세 가지 질문이었는데, 그 가운데 첫 번째 질문은 다음과 같다, "그런즉 자랑할 데가 어디냐?" 물론 바울 사도는 이 질문을 한 후 스스로 답도 주었다, 왜냐하면 그 답은 너무나 분명하기 때문이었다, "있을 수가 없느니라. 무슨 법으로냐? 행위로냐? 아니라 오직 믿음의 법으로니라"(3:27).

'자랑'은 자랑거리가 있어야 한다. 만일 도덕인이 그의 도덕적인 삶 때문에 하나님과의 관계를 회복했다면, 그의 자랑은 두말할 필요도 없이 그의 삶이다. 만일 유대인이 율법을 열심히 지켜서 하나님을 만났다면, 얼마나 자랑할 것이 많겠는가? 그가 율법의 어떤 조항을 어떻게 지켰는지 등 자랑할 것이 참으로 많을 것이다. 만일 비도덕인이 하나님을 알게 되었다면, 그의 우상숭배를 자랑할 것이다.

그런데 하나님의 의는 처음부터 죄인과는 전혀 관계가 없는 것이다. 그 하나님의 의가 인간의 의로 전가되기 위해서는 하나님의 심판의 의와 사랑의 의가 나타났기 때문에 가능한 것이었다. 물론 인간이 십자가를 통하여 나타난 그 의를 받아들여야 하는데, 그것이 바로 믿음이다. 두말할 필요도 없이 믿음 때문에 인간이 의롭게 되는 것이 아니다. 하나님의 의는 100% 하나님의 선물이다. 믿음은 그 선물을 받아들이는 것이지, 결코 선물이 될 수 없다.

첫 번째 질문에 대한 결론으로 바울 사도는 이렇게 덧붙였다, "그러므로 사람이 의롭다 하심을 얻는 것은 율법의 행위에 있지 않고, 믿음으로 되는 줄 우리가 인정하노라" (3:28). 그렇다! 죄인이 의인이 되는 것은 결코 인간의 됨됨이나 공로 때문에 가능하지 않다. 오로지 하나님이 그렇게 인정해주시고 또 만들어주셔야만 가능하다. 그런 이유 때문에 바울 사도는 '의롭다 하심'이란 존칭어를 사용했는데, '하심'은 하나님이 그렇게 해주셨다는 말이다.

바울 사도의 두 번째 질문은 이렇다, "하나님은 다만 유대인의 하나님이시냐? 또한 이방인의 하나님은 아니시냐?" 다시 한번 그는 이 질문에 대해 해답을 스스로 주었다, "진실로 이방인의 하나님도 되시느니라" (3:29). 본래 유대인은 하나님을 믿고 또 따르는 사람들이었다. 그런 까닭에 유대인은 하나님이 그들만의 하나님이라고 주장할 수 있었다. 그들에 의하면, 이방인은 하나님을 알 수 없는 개나 돼지와 같은 존재들이었다 (마 7:6).

그런데 하나님이 보내신 그 아들 예수 그리스도를 믿게 된 이방인도 그리스도의 아버지가 그의 아버지도 된 것이다. 하나님의 안중에는 처음부터 이방인도 존귀한 존재였다. 그렇지 않다면 창세기의 처음 11장에서 온 인류를 다루실 이유가 없었다. 하나님은 온 인류를 사랑하셨는데, 그때에는 유대인과 이방인의 구분이 없었다. 모두 하나님의 형상대로 창조된 하나님의 자녀들이었다.

그렇다면 왜 하나님은 구태여 유대인을 구분하시고 선민選民으로 삼으셨는가? 그 이유는 세상에 대한 하나님의 사랑을 나타내시기 위함이었다. 다시 말해서, 하나님은 유대인을 통하여 하나님의 사랑과 능력을 세계에 산재해 있는 모든 민족에게 전하시기 위해서였다 (출 19:4-6). 그 결과 유대인이나 이방인이 하나님 아버지 안에서 한 가족이 되게 하기 위함이었다. 그런데 불행하게도 유대인이 교만해져서 이방인을 무시했던 것이다.

그런데 마침내 유대인과 이방인이 하나가 되었다. 유대인이나 이방인이나 똑같은 방법으로 의롭다 하심을 받았는데, 곧 믿음이었다 (3:30). 무엇을 믿었는가? 유대인도 예수 그리스도가 구속과 화목제물이 되셔서 피를 흘리신 사실을 믿었다. 그뿐 아니라, 유대인처럼 이방인도 하나님을 아버지로 모심으로 같은 아버지 안에서 하나가 되었다. 한발 더 나아가서, 유대인과 이방인이 차별 없이 성령의 임재를 경험했기에 차별 없이 하나가 되었다.

바울 사도의 세 번째 질문은 다음과 같다, "그런즉 우리가 믿음으로 말미암아 율법을 파기하느냐?" 이 질문에 대해서도 그는 스스로 답했다, "그럴 수 없느니라! 도리어 율법을 굳게 세우느니라" (3:31). 이 질문의 배경을 보자. 어떤 유대인도 율법을 통하여 의롭다 하심을 얻지 못했을 뿐 아니라, 율법의 행위 때문에 저주 아래 놓였다. '의롭다 하심'에 이르게 해야 할 율법이 도리어 저주로 인도하다니 (2:13), 당연히 율법을 파기해야 하지 않는가?

그러나 바울 사도는 '그럴 수 없느니라'고 하면서 강하게 부인했다. 그 이유는 무엇인가? 먼저, 율법이 아니면 유대인은 죄인이라는 것을 알지 못했을 것이다 (3:20). 왜냐하면 율법은 도덕률의 기준이기 때문이다. 그 다음, 율법이 아니었다면 유대인은 그리스도 앞으로 나아오지 못했을 것이다. 바울 사도의 말이다, "율법이 우리를 그리스도께로 인도하는 초등교사가 되어, 우리로 하여금 믿음으로 말미암아 의롭다 함을 얻게 하려 함이라" (갈 3:24).

마지막으로, 율법은 도덕 생활의 기준을 제시하기 때문이다. 믿음으로 의롭다 하심을 받은 그리스도인은 도둑질해서는 안 되는데, 그 이유는 율법이 "도적질하지 말라!"고 했기 때문이다 (출 20:15). 실제로 예수 그리스도를 믿기 전에는 비도덕인은 말할 것도 없고, 도덕인과 종교인도 도적질한다. 그러나 믿은 후에는 도적질하지 않으며, 만일 도적질하면 그것이 하나님의 법을 깨뜨린 심각한 죄임을 자각한다.

그 죄를 자각한 그리스도인은 자백을 통하여 그 죄를 시인하고 그리고 돌이킨다. 얼마나 율법이 중요한가! 그런 이유 때문에 바울 사도는 율법을 파기하기는커녕 더욱 굳게 세운다고 선언했다. 다시 설명해보자. 그리스도인은 율법 때문에 죄를 짓지 않으려고 결단하며, 만일 죄를 지면 그 잘못을 인정하고 다시 돌이킨다. 그렇지 않으면 하나님과의 교제가 손상되기 때문이다. 이런 사실을 도해해보자.

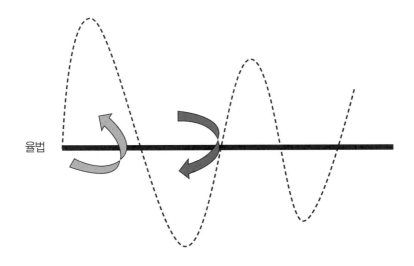

그리스도인의 삶은 필연적으로 올라갈[up] 때가 있는가 하면 내려갈[down] 때도 있다. 그런데 *up*과 *down*의 기준 중 하나가 율법이다.[16)] 율법은 죄를 지어 기준에서 떨어진 것을 알려준다. 그때 그리스도인은 죄를 구체적으로 자백하고 다시 위로 올라간다. 사도 요한의 약속대로이다, "만일 우리가 우리 죄를 자백하면 그는 미쁘시고 의로우사 우리 죄를 사하시며 우리를 모든 불의에서 깨끗하게 하실 것이요" (요일 1:9). 그리스도인은 율법을 굳게 세운다!

2) 믿음

바울 사도는 세 가지 질문을 하면서 로마서 3장을 끝냈다. 그 세 가지 질문 가운데 처음 두 질문은 유대인에겐 심각한 도전이요 반문할 수 있는 것들이었다. 첫 번째 질문, 곧 "그런즉 자랑할 데가 어디냐?"는 '자랑' 거리가 많은 유대인이 받아들이기 쉽지 않은 내용이었다. 유대인은 '하나님을 자랑했으며' (2:17), 그들을 모든 민족보다 우월하게 만든 율법도 자랑했고, 언약의 징표인 할례도 자랑하였다.

그뿐 아니라 유대인에게는 유대 민족을 일군 유대의 조상 아브라함도 굉장한 자랑거리였다. 그는 거의 무無와 같은 늙은이에 지나지 않았는데, 그를 통하여 유有가 생성되었다. 그의 후손이 유대 나라뿐 아니라 아랍 제국을 일으켰다. 그들은 문자 그대로 세계의 정세를 좌지우지할 정도로 큰 국가들이 되었다. 비록 유대와 아랍 제국이 서로 경쟁하며 갈등하는 관계에 있지만, 그래도 그들은 모두 아브라함의 자손이다.

한발 더 나아가서 아브라함은 하나님과 동행하는 삶을 후세에 남겨주었다. 어떤 유대인이 그를 자랑하지 않겠는가? 하나님이 아브라함과 언약을 맺으시고, 그 언약의 표징으로 할례를 주셨다. 그리고 하나님은 아브라함에게 그 후손을 하늘의 별처럼 번성하게 하실뿐 아니라, 그들이 거주할 땅도 주시겠다고 약속하셨다 (창 15). 훗날 그 약속들은 한마디도 어긋나지 않고 그대로 실현되었다. 유대인이 아브라함을 자랑하는 것은 당연하지 않은가?

그런데 바울 사도는 다음과 같은 두 번째 질문을 했다, "하나님은 다만 유대인의 하나님이시냐? 또한 이방인의 하나님은 아니시냐?" 이런 질문들을 제기한 바울 사도는 그에 대하여 자세히 설명하지 않으면 안 되었다. 자연스럽게 그는 아브라함의 생애를 제시하면서 위의 두 가지 질문에 대한 답변의 배경을 설명했다. 그렇게 하면서 바울 사도는 자연스럽게 아브라함이 가졌던 믿음을 묘사하였다.

(1) 믿음은 행위가 아니다 (4:1-8)

아브라함이 어떤 믿음을 가졌기에 바울 사도가 믿음의 모델로서 아브라함의 생애를 거슬러 올라가면서까지 설명했는지 알아보기 위하여 로마서 4장의 앞부분을 인용하자:

> "그런즉 육신으로 우리 조상인 아브라함이 무엇을 얻었다 하리요? 만일 아브라함이 행위로써 의롭다 하심을 받았으면 자랑할 것이 있으려니와, 하나님 앞에서는 없느니라. 성경이 무엇을 말하느냐? 아브라함이 하나님을 믿으매, 그것이 그에게 의로 여겨진 바 되었느니라. 일하는 자에게는 그 삯이 은혜로 여겨지지 아니하고 보수로 여겨지거니와 일을 아니할지라도 경건하지 아니한 자를 의롭다 하시는 이를 믿는 자에게는 그의 믿음을 의로 여기시나니"(4:1-5).

아브라함의 믿음은 그의 인생과 연루되어 있었다. 그의 인생에서 하나님을 특별히 만난 회수가 네 번인데, 첫 번째는 12장에서, 두 번째는 15장에서, 세 번째는 17장에서, 그리고 네 번째는 22장에서 찾을 수 있다. 그런 만남을 간단히 도해해보자.

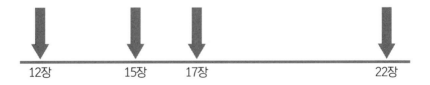

아브라함이 하나님을 첫 번째로 만난 것에 대한 기록은 창세기

12장에서 찾을 수 있다. 이것은 아브라함이 믿음으로 순례의 여정을 처음 시작한 장면이기도 하지만, 하나님이 큰 약속을 그에게 주신 첫 장면이기도 하다. 하나님은 그에게 이런 약속을 주셨다, "땅의 모든 족속이 너로 말미암아 복을 얻을 것이라" (창 12:3). 이 약속에서 '모든 족속'이란 아브라함의 후손만 가리키지 않고, 그 이외에 다른 민족 모두를 가리킨다.

그뿐 아니라 하나님은 아브라함에게 "너로 큰 민족을 이루시겠다"고도 약속하셨다 (창 12:2). 그러니까 하나님은 아브라함을 중심으로 세상의 역사를 이끌어가겠다고 약속하신 것이다. 우선 그에게서 '큰 민족'이 생성될 것이며, 또한 그 민족을 통하여 다른 모든 민족이 복을 누리게 될 것이라는 약속을 주셨기 때문이다. 이처럼 엄청난 약속을 받은 것은 아브라함이 갈대아 우르를 떠나던 75세 되던 때였다.

그런데 그에게 문제가 있었는데, 그것은 큰 민족을 이룰 수 있는 아들이 없었다. 그는 그 약속을 이루기 위하여 조카인 롯을 양자로 여기면서 그들을 데리고 가나안으로 이주하였다. 하나님은 아브라함에게 "너의 고향과 친척과 아버지의 집을 떠나 내가 네게 보여 줄 땅으로 가라"는 명령을 살짝 어기고 롯을 데리고 갔다 (창 12:1). 하나님의 큰 약속을 인간의 방법으로 이루고자 한 얄팍한 처사였다.

하나님이 롯을 아브라함의 품에서 떠나게 하시자 (창 13), 아브라함은 다시 머리를 굴려서 '다메섹 사람 엘리에셀'을 양자로 삼았다 (창 15:2). 하나님은 단칼에 엘리에셀을 거절하셨다. 인간적으로 불가능한 약속을 하나님이 아브라함에게 주셨는데, 그 약속을 이루실 분은 바로 하나님이시기 때문이다. 하나님이 그에게 하신 말씀을 들어보자, "그 사람이 네 상속자가 아니라. 네 몸에서 날 자가 네 상속자가 되리라!" (창 15:4).

아브라함은 또 한 번 잔꾀로 하나님의 약속을 이루려고 했는데, 이번에는 상당히 하나님의 약속에 근접한 잔꾀였다. 그는 하갈을 취하여 아들 이스마엘을 얻었고, 그를 통하여 '큰 민족'을 이룰 생각이었다 (창 16:15). 두말할 필요도 없이 하나님은 이스마엘이라는 매개도 거절하셨다. 하나님의 약속은 인간의 꾀를 전혀 배제한 하나님의 방법대로만 이루시겠다는 것이다. 그 하나님이 다시 아브라함에게 나타나셨다.

하나님은 아브라함에게 하늘의 별들을 가리키면서 이렇게 말씀하셨다, "그를 이끌고 밖으로 나가 이르시되, 하늘을 우러러 뭇별을 셀 수 있나 보라. 또 그에게 이르시되 네 자손이 이와 같으리라" (창 15:5). 아브라함은 이 약속을 85세에 받았다. 지금까지 아들을 하나도 낳지 못한 아브라함이 무슨 재주로 별들처럼 많은 아들을 낳을 수 있단 말인가? 절대로 불가능한 약속이다. 아브라함은 175세에 죽었는데, 일 년에 하나씩 낳아도 고작 90명이다.

그런데 아브라함은 절대로 불가능한 그 약속을 믿었다. 이 믿음은 아브라함의 생애에서 또 한 번의 전환점이 되었다. 그의 믿음을 보자, "아브람이 여호와를 믿으니, 여호와께서 이를 그의 의로 여기시고" (창 15:6). 이 말씀에서 대단히 중요한 단어 둘이 나오는데, 하나는 '믿음'이고 또 하나는 '의'이다. 믿음의 조상 아브라함이 아들을 별처럼 많이 낳기 위해서 어떤 노력을 할 수 있었는가? 물론 어떤 행위로도 불가능했다!

만일 행위로 이룰 수 없는 약속을 이루려면 그 약속을 주신 분을 믿는 도리밖에 없다. 그렇지 않다면 그 약속은 이루어지지 않기 때문이다. 그런 이유 때문에 이 말씀에 나오는 '믿으니'는 너무나 중요하다. 이 '믿음'은 창세기 뿐 아니라 성경 전체에서 처음 나오는 표현이다. 아브라함의 이 믿음 때문에 그는 의롭다고 여기심을 받았다. 그러니까 믿음을 통한 의라는 공식은 일찍이 믿음의 조상 아브라함 때부터 있어온 것이었다.

바울 사도는 이 아브라함을 실례로 들면서 이렇게 말했다, "만일 아브라함이 행위로써 의롭다 하심을 받았으면 자랑할 것이 있으려니와, 하나님 앞에서는 없느니라" (롬 4:2). 그렇다! 아브라함은 조금도 자랑할 것이 없었다. 더군다나 아브라함의 후손인 유대인이 자랑할 것이 있겠는가? 물론 없다! 아브라함이 어떤 행위로도 자녀를 별처럼 많이 가질 수 없는 것처럼, 유대인도 어떤 행위로도 의롭다 하심을 얻을 길은 없다.

바울 사도는 믿음과 행위가 공존하지 못한다는 사실을 한 가지 실례를 더 들어 설명했는데, 곧 다윗의 경우이다 (4:6-8).

"일한 것이 없이 하나님께 의로 여기심을 받는 사람의 복에 대하여 다윗이 말한 바, 불법이 사함을 받고 죄가 가리어짐을 받는 사람들은 복이 있고, 주께서 그 죄를 인정하지 아니하실 사람은 복이 있도다 함과 같으니라."

다윗은 살인과 간음이라는 엄청난 죄를 범했다. 그러나 그런 무서운 죄에서 용서받아 그 죄가 가리어진 것도 역시 행위 때문이 아니라, 용서의 하나님을 믿었기 때문이었다. 다윗이 어떤 행위로서 살인죄를 용서받을 수 있으며, 또 간음이라는 죄를 용서받을 수 있었겠는가? 물론 없다! 오직 용서하시는 하나님을 믿을 때만이 가능했다.

(2) 믿음은 할례가 아니다 (4:9-12)

"그런즉 이 복이 할례자에게냐? 혹은 무할례자에게도냐? 무릇 우리가 말하기를 아브라함에게는 그 믿음이 의로 여겨졌다 하노라. 그런즉 그것이 어떻게 여겨졌느냐? 할례시냐 무할례시냐? 할례시가 아니요 무할례시니라. 그가 할례의 표를 받은 것은 무할례시에 믿음으로 된 의를 인친 것이니, 이는 무할례자로서 믿는 모든 자의 조상이 되어 그들도 의로 여기심을 얻게 하려 하심이라. 또한 할례자의 조상이 되었나니 곧 할례 받을 자에게뿐 아니라, 우리 조상 아브라함이 무할례시에 가졌던 믿음의 자취를 따르는 자들에게도 그러하니라."

그처럼 중요한 믿음을 구사한 후 아브라함은 믿음대로 하나님만을 기다렸는가? 물론 아니다! 그는 다시 한번 머리를 굴려서 그가 믿은 하나님의 약속을 인위적으로 이루고자 했다. 이미 위에서 언급한 것처럼, 그는 애굽 여인 하갈을 취하였고, 그리고 그의 계획대로 아들을 낳았는데, 곧 이스마엘이었다. 아브라함은 86세에 이 아들을 낳고, 그에게 놀라운 약속을 주신 하나님을 잊고 살았다. 그에게는 '큰 민족'을 이룰 아들이 곧 '하나님'이었다.

그렇게 하나님 없는 세월이 13년이나 흘렀다. 그러나 하나님은 약속의 하나님일 뿐 아니라, 그 약속을 친히 이루시는 하나님이시다. 마침내 하나님은 다시 아브라함에게 임하셨는데, 창세기 17장에서 그 만남을 기록하고 있다. 창세기 16장은 아브라함이 86세에 이스마엘을 낳았다고 기록한 반면 (창16:16), 17장에서 99세에 하나님이 다시 나타나셨다고 기록한다 (창17:1). 그의 나이를 밝히는 이유는 그 13년 동안 하나님 없이 산 것을 알리기 위함이었다.

하나님은 창세기 15장에서 이미 언약을 주셨는데, 그 언약에 포함된 약속을 다시 말씀하셨다. 그 약속을 요약하면 이렇다: (1) '너를 번성케 하리라.' (2) '너는 여러 민족의 아버지가 될지라.' (3) 이름을 아브람에서 아브라함으로 바꾸라. (4) 너뿐 아니라 후손도 지키는 영원한 언약으로 삼으라. (5) 너와 후손에게 가나안을 주겠노라. 이것들은 결코 아브라함의 믿음을 근거로 한 약속이 아니라, 하나님의 언약을 근거로 한 약속들이다 (창17:2-8).

하나님은 이처럼 귀한 약속들을 다시 주신 후 아브라함과 그 자손이 언약을 반드시 지켜야 되는 징표로 할례를 받으라고 명령하셨다. 그분의 명령을 들어보자, "너희 중 남자는 다 할례를 받으라! 이것이 나와 너희와 너희 후손 사이에 지킬 내 언약이니라. 너희는 포피를 베어라. 이것이 나와 너희 사이의 언약의 표징이니라" (창17:10-11). 이 명령에 의하면, 할례는 곧 언약이요 동시에 언약의 표징이었다.

아브라함과 그의 후손이 하나님과 언약을 맺고 있다는 표징이 다른 데 있지 않고 그들의 몸에 있게 하심으로 그들은 하나님과의 언약을 잊지 않고 지키게 하셨다. 하나님의 말씀을 보자, "내가 내 언약을 나와 너 및 네 대대 후손 사이에 세워서 영원한 언약을 삼고 너와 네 후손의 하나님이 되리라"(창 17:7). 그때부터 유대인은 할례를 귀하게 여겼을 뿐 아니라, 그 할례를 인하여 하나님이 그들의 하나님이시라는 크나큰 긍지를 가졌다.

태어난 지 8일째 되는 날 할례를 받은 유대인은 그 할례 때문에 그가 하나님의 자녀이며, 하나님은 그의 하나님이라고 자랑하였다. 그렇다면 할례 때문에 하나님은 유대인을 의롭다 하셨는가? 물론 아니다! 바울 사도는 반복해서 믿음의 중요성을 인용하였다, "…아브라함에게는 그 믿음이 의로 여겨졌다 하노라"(4:9). 이 인용은 두말할 필요도 없이 창세기 15장 6절의 말씀이다. 할례가 있기 훨씬 전에 믿음으로 의롭다고 여겨졌다는 것이다.

그렇다면 왜 할례가 필요했는가? 바울 사도의 설명이다, "그가 할례의 표를 받은 것은 무할례시에 믿음으로 된 의를 인친 것이니, 이는 무할례자로서 믿는 모든 자의 조상이 되어 그들도 의로 여기심을 얻게 하려 하심이라"(4:11). 그렇다! 아브라함이 믿어 의로 여기심을 받은 것은 그가 할례받기 전이었다. 그러므로 그 믿음의 본을 따르는 할례 받지 않은 이방인도 역시 믿음으로 의롭다 하심을 받는 것이다.

그렇다면 할례 받은 유대인은 그 할례 때문에 의롭다 하심을 받지 못했단 말인가? 물론 받지 못했다! 유대인도 아브라함처럼 먼저 믿고, 그리고 그 믿음에 인을 치기 위하여 할례를 받아야 한다. 그렇게 믿음으로 의롭다 하심을 받은 유대인은 할례에 대한 긍지를 가질 수 있는데, 그 이유는 믿음의 조상인 아브라함의 발자취를 따르기 때문이다. 아브라함이 먼저 믿고 그 후 언약의 징표로서 할례를 받은 것처럼 말이다.

결국 아브라함은 유대인의 조상일 뿐 아니라, 이방인의 조상이다. 아브라함의 믿음을 따른 유대인이나 같은 믿음을 구사한 이방인이나 구분되지 않고 아브라함은 믿음의 조상이다. 아브라함에게 약속된 대로이다, "땅의 모든 족속이 너로 말미암아 복을 얻을 것이라"(창 12:3). 그렇다면 아브라함의 믿음을 의로 여겨주신 하나님은 유대인에게나 이방인에게 똑같은 하나님이시다. 그렇다! 할례는 믿음이 아니다.

(3) 믿음은 율법이 아니다 (4:13-16)

"아브라함이나 그 후손에게 세상의 상속자가 되리라고 하신 언약은 율법으로 말미암은 것이 아니요, 오직 믿음의 의로 말미암은 것이니라. 만일 율법에 속한 자들이 상속자이면 믿음은 헛것이 되고 약속은 파기되었느니라. 율법은 진노를 이루게 하나니 율법이 없는 곳에는 범법도 없느니라. 그러므로 상속자가 되는 그것이 은혜에 속하기 위하여 믿음으로 되나니, 이는 그 약속을 그 모든 후손에게 굳게 하려 하심이라. 율법에 속한 자에게뿐만 아니라 아브라함의 믿음에 속한 자에게도 그러하니, 아브라함은 우리 모든 사람의 조상이라."

유대인은 할례를 받음으로 모든 율법을 지킬 의무를 가진 자가 되었다. 다시 한 번 바울 사도의 가르침을 들어보자, "내가 할례를 받는 각 사람에게 다시 증언하노니, 그는 율법 전체를 행할 의무를 가진 자라"(갈 5:3). 이미 살펴본 대로, 할례가 유효하려면 모든 율법을 항상 지켜야 한다. 그런데 위에서 본 것처럼, 할례를 통하여 의롭다 하심을 얻을 수 없다. 그렇다면 두말할 필요도 없이 율법을 지킴으로도 의롭다 하심을 얻을 수 없다.

그 이유는 너무나 분명한데, 할례와 율법은 분리될 수 없기 때문이다. 믿음으로만 의롭다 하심을 얻을 수 있는 하나님의 은혜를 알지 못하는 유대인은 할례와 율법에 대한 긍지와 의존도가 대단했다. 왜냐하면 할례와 율법을 유대인에게 주신 분은 다름 아닌 그들이 자랑하는 하나님이었기 때문이다. 그러니까 유대인은 하나님과 할례와 율법은 서로 떼어놓을 수 없는 삼각관계라고 믿었다.

그런 이유 때문에 바울 사도는 할례를 논한 후 율법을 논하기 시작했다. 바울 사도의 진단이다. "아브라함이나 그 후손에게 세상의 상속자가 되리라고 하신 언약은 율법으로 말미암은 것이 아니요, 오직 믿음의 의로 말미암은 것이니라" (4:13). '세상의 상속자'란 하나님이 아브라함과 그 후손이 '큰 민족'이 되어 모든 민족에게 복이 된다는 약속이다. 그런데 그처럼 놀라운 약속을 아브라함은 율법을 지킴으로 받았던가?

물론 아니다! 하나님이 아브라함에게 '네 자손이 별처럼' 번성하게 하겠다고 약속하셨을 때 율법은 존재하지도 않았다. 위에서 본 것처럼, 아브라함의 어떤 행위로도 그 약속을 성취할 수 없었다. 아브라함은 그 약속을 믿음으로 받아들였고, 그 믿음이 의로 여겨졌던 것이다 (창 15:6). 아브라함은 하나님의 약속을 믿음 외에는 어떤 방법으로도 받아들일 수 없었다. 더군다나 존재하지도 않은 율법을 지켜서 약속을 받는다는 것은 가능하지 않았다.

그 후 많은 세월이 지난 후에 주어진 율법을 통하여 상속자가 된다면, 율법 이전의 믿음과 약속은 하나님이 주시는 의와는 전혀 상관이 없는 것이 된다. 달리 말하면, 믿음과 약속의 역할은 있으나 마나 한 것이 된다. 그렇다! "믿음은 헛것이 되고 약속은 파기된다" (4:14). 존재하지도 않은 율법을 지켜서 의로 여기심을 받는다는 것은 아브라함에게 있을 수도 없었다. 한마디로 말해서, 율법은 믿음이 아니다.

그럼에도 불구하고 율법을 지킴으로 의롭게 되려는 유대인이 얼마나 많은가? 이런 유대인은 율법 때문에 하나님이 진노하신다는 사실을 이해하지 못했음에 틀림없다. 왜냐하면 유대인에게 주어진 분명한 율법을 깨뜨리면 범법자가 되기 때문이다 (4:15). 만일 모세를 통하여 주어진 율법이 분명한데도 불구하고, 그 율법을 깨뜨리면 당연히 율법을 깨뜨린 죄인이 된다. 그는 하나님의 진노를 일으킨 장본인이 된다 (4:14).

하나님과 할례와 율법이 서로 분리될 수 없는 삼각관계인 것처럼, 약속과 믿음과 은혜도 서로 분리될 수 없는 삼각관계이다. 하나님은 아브라함에게 '네 자손이 별처럼 많으리라'는 약속을 주셨고, 아브라함은 그 약속을 믿음으로 받아들였다. 그 결과 그의 믿음이 의로 여겨졌다. 그렇다면 믿음이란 무엇인가? 믿음은 하나님이 약속하시고 또 이루실 것을 받아들이는 것이다. 하나님의 선물을 손을 내밀어 받아들이는 것이 바로 믿음이다.

그러니까 하나님이 아브라함에게 '네 자손이 별처럼 많으리라'는 약속을 주신 것도 하나님의 은혜이다. 그리고 그처럼 인간적으로는 불가능한 일을 하나님이 친히 이루시겠다고 약속하신 것도 하나님의 은혜이다. 한발 더 나아가서, 아브라함이 그 약속을 믿음으로 받아들인 것도 하나님의 은혜가 아니었다면 가능하지 않았다. 그런 의미에서 아브라함의 믿음도 하나님이 주신 선물이라고 할 수 있다.

결국, 율법을 의지하는 유대인도 믿음의 조상 아브라함이 은혜로 믿은 것처럼, 은혜로 믿어야 의롭다 여기심을 받는다. 율법을 알지도 못하는 이방인은 어떤가? 이방인은 두말할 필요도 없이 하나님의 은혜가 아니면 의롭다 여기심을 받을 수 없다. 그러니까 아브라함은 율법을 지키려는 유대인에게도 은혜의 조상이 되었고, 율법이 없는 이방인에게도 은혜의 조상이 되었다. 둘 다 똑같이 율법으로가 아니라 은혜로만 의로워지기 때문이다 (4:16).

(4) 아브라함의 믿음 (4:17-22)

"기록된 바 내가 너를 많은 민족의 조상으로 세웠다 하심과 같으니, 그가 믿은 바 하나님은 죽은 자를 살리시며 없는 것을 있는 것으로 부르시는 이시니라. 아브라함이 바랄 수 없는 중에 바라고 믿었으니, 이는 네 후손이 이같으리라 하신 말씀대로 많은 민족의 조상이 되게 하려 하심이라. 그가 백 세나 되어 자기 몸이 죽은 것 같고 사라의 태가 죽은 것 같음을 알고도 믿음이 약하여지지 아니하고, 믿음이 없어 하나님의 약속을 의심하지 않고 믿음으로 견고하여져서 하나님께 영광을 돌리며, 약속하신 그것을 또한 능히 이루실 줄을 확신하였으니, 그러므로 그것이 그에게 의로 여겨졌느니라."

유대인이나 이방인이나 아브라함의 믿음의 본을 따라 한 가족이 되었다. 그렇다면 아브라함의 믿음이 무엇인지, 또 어떻게 그가 의롭다 여김을 받게 되었는지 알아야 한다. 알지 못한다면 유대인이나 이방인이나 어떻게 아브라함의 믿음을 본받을 수 있겠는가? 바울 사도는 이처럼 믿음은 행위가 아니며, 할례와 율법도 아니라고 소극적으로 정의한 후, 이제 믿음이 무엇인가에 대하여 적극적으로 설명하기 시작했다.

바울 사도에 의하면, 아브라함의 가장 중요한 믿음은 "하나님은 죽은 자를 살리시며 없는 것을 있는 것으로 부르시는 이심"을 받아들이는 것이다. 이런 믿음이 없었다면 아브라함은 결코 '많은 민족의 조상'이 될 수 없었을 것이다 (4:17). '죽은 자를 살리신다'는 것은 부활에 대한 믿음이고, '없는 것을 있는 것으로 부르시는 이'는 무에서 유를 창조하신 창조주 하나님을 믿는 믿음이다. 어떻게 보면 이런 창조는 부활과 맥을 같이 한다고 볼 수 있다.

그다음으로, 아브라함은 인간적으로 볼 때 전혀 희망이 없었는데도 그 희망의 끈을 놓지 않은 믿음이 있었다. 아브라함에게 희망의 끈이란 다름 아닌 하나님의 약속이었는데, 곧 '네 자손이 별처럼 많아지리라'는 것이었다 (4:18). 어떻게 그의 자손이 별처럼 많아질 수 있는가? 육안으로 헤아릴 수 있는 별의 수가 최대 3,000이라고 하는데, 어떻게 그가 3,000명의 자식을 가질 수 있겠는가? 그런데 별의 수가 훨씬 더 많은데 말이다.

셋째로, 아브라함은 그의 육신을 뻔히 알면서도 믿음이 약해지지 않았다. 그의 나이는 자그마치 백 세나 되었으며, 그의 아내 사라는 생리가 중단된 지 오래되어 자녀를 잉태할 수 없었다. 바울 사도는 그런 사라를 '죽은 것과 같다'고 묘사했다 (4:19). 이런 상황에서 믿음이 약해지지 않았다는 것이야말로 참믿음이 아니면 무엇이란 말인가? 어쩌면 인간적으로 불가능한 상황에서 하나님을 그만큼 더 믿었을 것이다.

아브라함의 넷째 단계의 믿음을 좀 더 깊이 보기 위하여 바울 사도의 해석을 직접 인용해보자: "믿음이 없어 하나님의 약속을 의심하지 않고, 믿음으로 견고하여져서 하나님께 영광을 돌리며, 약속하신 그것을 또한 능히 이루실 줄을 확신하였으니, 그러므로 그것이 그에게 의로 여겨졌느니라" (4:20-22). 이 해석에 의하면, 아브라함은 시간이 지날수록 하나님의 약속을 더 깊이 믿었다.

'시간이 지날수록'이란 묘사는 주관적인 표현일 수 있다. 하나님은 아브라함의 믿음을 의로 여기셨다고 창세기 15장 6절에서 이미 말씀하신 바 있었다. 그 믿음은 그가 의로 여기심을 받는 시발점이기도 했다. 그러나 그가 "믿음이 없어 하나님의 약속을 의심하지 않은 것"은 아니었다. 왜냐하면 아브라함은 믿음으로 약속을 붙잡지 못하고 인위적으로 이스마엘을 낳았기 때문이다.

아브라함의 믿음은 처음부터 완전한 것이 아니었다. 그의 믿음은 하나님의 인도와 말씀에 따라서 성장하지 않으면 안 되었다. 그는 그런 놀라운 약속을 믿음으로 받아들인 후에도 아들을 낳아 줄 아내를 누이라고 하여 그랄 왕에게 빼앗긴 적이 있었다 (창 20:2). 그때도 하나님의 개입하심으로 아브라함은 아내를 다시 찾아올 수 있었다. 그렇게 신앙의 굴곡을 거치면서 마침내 하나님의 약속대로 사라에게서 이삭을 낳았는데, 네 번째 아들인 셈이었다.

하나님은 이삭을 통하여 아브라함을 '큰 민족'으로 번성시키신 것이었다. 그런데 이게 웬 청천벽력과 같은 말씀인가? 어느 날 하나님이 아브라함에게 그의 사랑하는 아들 이삭을 번제로 드리라고 하시는 것이었다 (창 22:2). 이때 아브라함은 "믿음이 없어 하나님의 약속을 의심하지 않았고," 오히려 "그의 믿음이 견고해져서 하나님께 영광을 돌렸다." 어떻게 하나님에게 영광을 돌렸는가? 그는 이삭을 번제로 바쳤다.

아브라함이 그렇게 할 수 있었던 것은 부활의 하나님을 믿었기 때문이었다. 이런 사실과 연관시켜서 바울 사도는 아브라함의 믿음을 설명하면서 이렇게 시작했다, "그가 믿은 바 하나님은 죽은 자를 살리시며…" (4:17). 그렇다! 아브라함은 하나님이 번제로 죽은 이삭을 다시 살리셔서 그의 자손이 별처럼 많게 하실 것을 의심치 않았다. 오히려 "믿음이 견고해져서 하나님께 영광을 돌리며, 약속하신 그것을 또한 능히 이루실 줄을 확신하였다" (4:21).

히브리서 저자는 이삭을 번제로 바친 아브라함의 믿음을 이렇게 해석했다, "아브라함은 시험을 받을 때에 믿음으로 이삭을 드렸으니, 그는 약속들을 받은 자로되 그 외아들을 드렸느니라. 그에게 이미 말씀하시기를 네 자손이라 칭할 자는 이삭으로 말미암으리라 하셨으니, 그가 하나님이 능히 이삭을 죽은 자 가운데서 다시 살리실 줄로 생각한지라. 비유컨대 그를 죽은 자 가운데서 도로 받은 것이니라" (히 11:17-19).

아브라함의 믿음은 계속 성장하였는데, 그 절정이 아들을 번제로 바칠 때였다. 왜냐하면 하나님이 그렇게 죽은 아들을 다시 살리실 것을 믿었기 때문이다. 바울 사도는 그 믿음을 의로 여겼다고 이렇게 말했다, "그러므로 그것이 그에게 의로 여겨졌느니라" (4:22). 이 단계에서 '의로 여겨졌다'는 해석은 아브라함이 처음으로 믿을 때

의로 여겼다는 것과는 다르다. 왜냐하면 믿음과 행위가 함께 했기 때문이다.

아브라함은 네 아들을 거치면서 하나님의 약속은 하나님만이 이루신다고 확신하게 되었다. 하나님이 이삭을 번제로 바치라고 하셨을 때도 그 믿음이 약해지지 않고, 그렇게 드림으로 오히려 하나님에게 영광을 돌렸다. 하나님이 그 아들을 돌려주셨기 때문이다! 야고보도 아브라함이 아들을 바칠 때에 의롭다 하심을 받았다고 했다. "우리 조상 아브라함이 그 아들 이삭을 제단에 바칠 때에 행함으로 의롭다 하심을 받은 것이 아니냐?"(약 2:21).

이런 아브라함의 믿음은 역사적인 사건으로 끝나지 않는데, 그가 모든 믿는 자의 조상이기 때문이다. 아브라함과 같은 믿음을 소유한 사람은 아브라함에게 약속된 복을 받게 된다. "또 하나님이 이방을 믿음으로 말미암아 의로 정하실 것을 성경이 미리 알고, 먼저 아브라함에게 복음을 전하되 모든 이방인이 너로 말미암아 복을 받으리라 하였느니라. 그러므로 믿음으로 말미암은 자는 믿음이 있는 아브라함과 함께 복을 받느니라"(갈 3:8-9).

그렇다면 '믿음으로 말미암은 자'의 믿음은 무엇에 대한 믿음인가? 바울 사도의 설명을 보자, "그에게 의로 여겨졌다 기록된 것은 아브라함만 위한 것이 아니요, 의로 여기심을 받을 우리도 위함이니, 곧 예수 우리 주를 죽은 자 가운데서 살리신 이를 믿는 자니라"(4:23-24). 아브라함이 그의 죽은 아들을 하나님이 살리실 것을 믿은 것처럼, 그 하나님이 당신의 아들 예수 그리스도를 죽음에서 살리신 것에 대한 믿음이다.

하나님의 아들 예수 그리스도는 하나님의 뜻대로 이 세상에 오셔서 마침내 십자가에서 처참하게 죽으셨다가 삼일 만에 다시 살아나셨다. 이미 살펴본 대로, 십자가에서 흘리신 피가 속량과 화목제물이 되었다. 그분을 죽음에서 다시 살리신 하나님을 믿는 것은 아브라함의 믿음과 같은 것이다. 그리고 그 믿음으로 아브라함이 의롭게 된 것처럼, 죄인도 그 하나님을 믿을 때 의롭다 하심을 받는다.

바울 사도가 아브라함의 믿음을 설명하면서 이런 결론을 내린 것은 매우 중요한데, 그것이 바로 복음의 핵심이기 때문이다: "예수는 우리가 범죄한 것 때문에 내줌이 되고, 또한 우리를 의롭다 하시기 위하여 살아나셨느니라" (4:25). 그분이 우리의 죄 때문에 죽으셨다가 살아나신 복된 소식을 믿어야 한다. 그분은 우리의 죄가 다 용서되었다는 것을 증언하기 위하여 부활하셨다. 그리고 죄의 용서는 다른 말로 하면 '의롭다 하심'이다.

3) 구원

구원론의 개요에서 본 것처럼, 바울 사도가 로마서에서 제시한 구원의 순서는 세 단계를 거쳐야 한다. 첫째 단계는 예수 그리스도의 죽음이다. 그분이 십자가에서 죽으실 때 하나님의 두 가지 의가 동시에 드러났는데, 곧 심판의 의와 용서의 의다. 모든 죄인이 받아야 될 거룩한 심판을 그분이 대신 받으심으로, 죄인은 심판 대신 용서를 받을 수 있게 되었다. 그 용서는 하나님이 사랑으로 베풀어주신 사랑의 용서이다.

비록 예수 그리스도가 그처럼 죽으셨다 부활하셨지만, 그 결과 모든 죄인이 자동적으로 구원받는 것은 아니다. 죄인을 부르시는 하나님의 초청에 적극적으로 반응해야 한다. 그 반응이 바로 믿음이다. 그렇게 믿을 때 죄인은 모든 죄를 용서받아 하나님의 자녀가 된다. 그런 변화를 표현하는 용어가 여럿 있지만, 그중 하나가 구원이다. 그러니까 다음과 같은 공식이 성립된다: 죽음+믿음=구원. 이런 세 단계를 의로 표현할 수 있다.

하나님은 그렇게 믿음을 구사한 사람을 의롭다고 해주신다. 하나님의 의가 믿는 자에게 주어지는 것이다. 성경에서 제일 먼저 그렇게 믿음을 통하여 의롭다고 여기심을 받은 인물은 저 유명한 아브라함이었다. 그는 믿음을 최초로 보여준 인물이기에 믿음의 조상이라 불리는 영예를 갖게 되었다. 그는 유대인에게도 믿음의 조상이라 불리며, 이방인 성도에게도 믿음의 조상이라 불려진다.

아브라함의 믿음을 따라 믿음을 갖게 된 모든 사람도 역시 의롭다 여기심을 얻는다. 그가 율법을 귀하게 여기는 유대인이든, 아니면 율법과 상관없는 이방인이든 관계없이 의롭다 하심을 받는다. 그렇게 주어진 의를 전가된 의라고 한다. 왜냐하면 하나님에게만 있는 의가 죄인의 의로 여겨지기 때문이다. 이것을 달리 표현하면, 칭의稱義 또는 의인義認이다. 결국, 하나님의 의가 아브라함의 의가 되었고, 그리고 우리의 의가 된 것이다.

바울 사도는 구원론의 셋째 단계인 '구원'을 설명하면서 (5:1-11), 그리스도인이 누릴 수 있는 구원의 확신에 대하여 알려주었다. 구원의 확신은 두 가지 측면에서 접근할 수 있는데, 곧 주관적인 확신과 (5:1-5) 객관적인 확신이다 (5:6-11). 주관적인 확신이란 그리스도인이 개인적이면서도 경험적으로 갖는 확신이며, 객관적 확신이란 개인의 경험과 감정과 상관없이 역사적으로 십자가에서 죽으신 예수 그리스도에 대한 믿음 때문에 생기는 확신이다.

(1) 주관적 확신

"그러므로 우리가 믿음으로 의롭다 하심을 받았으니, 우리 주 예수 그리스도로 말미암아 하나님과 화평을 누리자. 또한 그로 말미암아 우리가 믿음으로 서 있는 이 은혜에 들어감을 얻었으며, 하나님의 영광을 바라고 즐거워하느니라. 다만 이뿐 아니라 우리가 환난 중에도 즐거워하나니 이는 환난은 인내를, 인내는 연단을, 연단은 소망을 이루는 줄 앎이로다. 소망이 우리를 부끄럽게 하지 아니함은 우리에게 주신 성령으로 말미암아 하나님의 사랑이 우리 마음에 부은 바 됨이니." (5:1-5).

예수 그리스도를 믿고 구원받은 그리스도인의 가장 두드러진 경험은 '즐거움'이다. 바울 사도는 '구원'을 제시하는 5장 1-11절에서 '즐거움'이란 단어를 세 번이나 사용했다 (5:2, 3, 11). 그런데 세 번씩 사용된 '즐거움'은 각각 다른 시제에 사용되었는데, 곧 과거와 현재와 미래이다. 그러니까 의롭다 하심을 받은 그리스도인은 처음부터 끝까지 '즐거움'을 누리면서 살 수 있다는 것이다. 그것을 도해하면서 설명해보자:

먼저, 과거의 '즐거움'에 대하여 알아보자. 하나님과 원수였던 죄인이 예수 그리스도를 통하여 의롭다 하심을 받아 하나님과 화목하

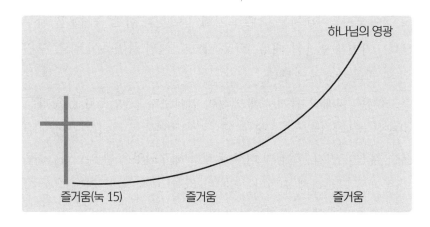

게 되었을 때 생기는 즐거움이다. 바울 사도는 그 즐거움을 이렇게 표현했다, "그뿐 아니라 이제 우리로 화목하게 하신 우리 주 예수 그리스도로 말미암아 하나님 안에서 또한 즐거워하느니라" (5:11). 이런 즐거움은 죄인이 십자가 앞으로 나와서 죄의 굴레로부터 벗어날 때 일어나는 경험이다.

죄인이 하나님에게로 돌아왔을 때 갖는 '즐거움'을 표현한 곳이 또 있는데, 누가복음 15장이다. 잃었던 양을 찾은 목자는 '함께 즐기자'고 말했으며 (눅 15:6), 잃었던 드라크마를 찾은 여인도 '함께 즐기자'고 하면서 이웃을 초청했다 (눅 15:9). 그런데 잃었다 찾은 양이나 드라크마는 죄인이 회개하고 돌아온 것에 대한 비유이며, 그리할 때 즐거움이 있다는 것이다 (눅 15:7, 10). 이런 즐거움은 하나님 아버지의 마음이자 동시에 바울 사도의 마음이었다.

그처럼 즐거운 마음으로 잔치를 배설하고 이웃과 함께 기뻐한 아버지의 마음을 표현한 것이 바로 탕자의 이야기이다. 탕자는 아버지의 품을 떠나서 인생의 나락으로 떨어진 둘째 아들이다. 더 이상 어쩔 수 없는 혹독하고도 처절한 상태에서 그 아들이 아버지의 집으로 돌아오자, 아버지는 너무나 기뻐서 이웃과 함께 즐거움을 나누었다. 위에서 인용한 대로, 바울 사도도 이런 즐거움이 바로 '구원의 확신'의 증표라고 했다.

그다음, 미래의 '즐거움'에 대하여 알아보자. 죄인으로 있을 때는 인생의 허무와 죽음의 한계에 사로잡혀 있었다. 그러나 값없이 의롭다 하심을 받자, 인생의 허무 문제가 해결되었을 뿐 아니라, 죽음의 한계를 극복하게 되었다. 극복만 한 것이 아니라, 한발 더 나아가서 죽음 이후에 있을 하나님의 영광을 기대하게 되었다. "또한 그로 말미암아 우리가 믿음으로 서 있는 이 은혜에 들어감을 얻었으며, 하나님의 영광을 바라고 즐거워하느니라" (5:2).

마지막으로 현재의 '즐거움'을 보자. 그리스도인에게 현재가 가장 중요하다는 사실을 이미 누누이 언급한 바 있다. 그 이유는 간단하다! 현재는 과거와 미래를 연결해주는 연결고리이기 때문이다. 과거에 구원받은 것이 분명하다면 그 구원은 당연히 현재의 삶을 지배해야 한다. 그뿐 아니라, 현재의 삶이 분명할 때 미래의 죽음과 종말도 확실하게 보장된다. 그런 이유 때문에 바울 사도는 현재의 즐거움을 강력하게 표현했다.

그의 말을 직접 들어보자, "다만 이뿐 아니라 우리가 환난 중에도 즐거워하나니 이는 환난은 인내를, 인내는 연단을, 연단은 소망을 이루는 줄 앎이로다" (5:3-4). 과거의 '즐거움'은 이해하기 쉽고, 미래의 '즐거움'도 받아들이기 쉽다. 그런데 현재의 '즐거움'은 쉽게 이해하기 어려운 부분이다. 왜냐하면 변화된 삶과 많은 축복 때문에 즐거움을 누리는 것이 아니라, 환난 때문에 즐거움을 누린다고 했기 때문이다.

환난 중에도 즐거워해야 하는 이유가 두 가지 있는데, 하나는 환난을 통하여 자신이 비워지기 때문이다. 자신이 비워지면 그만큼 하나님을 의지하게 되며, 따라서 하나님이 친히 인도하시고 하나님이 친히 영광을 받으시기 때문이다. 그리스도인은 미래에 있을 하나님의 영광을 바라고 즐거워하는 사람일 뿐 아니라, 환난 가운데서도 하나님의 영광을 드러내는 사람이다.[17] 또 하나는 환난을 통해 인내가 만들어지기 때문이다.

여기에서 '인내'는 환난의 고통을 감내할 수 있는 능력만을 뜻하지 않고, 환난과 고통을 통해서 하나님이 알려주시고자 하는 깊은 뜻을 찾고자 하는 자세와 신앙을 가리킨다.[18] 그처럼 환난 중에서도 인내하게 되면, 연단이 생긴다. '연단'은 단련된 인격으로, 주님의 모습을 깊이 닮은 인격을 뜻한다. 그런 신앙 인격자는 주님의 재림에 대한 소망을 품고 산다. 다시 말해서, 그의 사고와 언행은 주님에게 초점이 맞추어져 있다.

이 소망은 결코 헛된 것이 아니라, 확실한 것이다. 왜냐하면 그의 마음속에서 넘쳐나는 하나님의 사랑이 있기 때문이다. 두말할 필요도 없이 하나님의 사랑은 성령의 내주 때문에 주어진 크나큰 선물이다. 그리스도인은 위에서 주시는 하나님과의 화평과 안에 있는 하나님의 사랑 때문에 환난을 이기고도 남는다. 이길 뿐 아니라, 환난 때문에 그의 신앙이 갈수록 깊어지며, 그래서 신앙 인격자로 승화되어간다.

여기에서 중요한 하나님의 뜻을 찾을 수 있다. 하나님은 그리스도인에게 깊은 관심을 가지시지, 그가 얼마나 많은 축복을 향유하는지에 대해선 별로 관심이 없으신 듯하다. 만일 물질적인 축복이 우선적인 관심이라면 '구원'을 다루는 부분에서 그 축복을 나열하셨을 것이다. 하나님은 당신의 자녀가 얼마나 하나님의 사람으로 변화되는가에 관심이 있으시다. 그가 하나님의 사람이 되면 하나님은 그를 귀하게 사용하시며, 그의 모든 필요를 채워주신다.

신약성경에서 하나님이 물질적으로 많은 복을 주셔서 귀하게 사용하신 사람은 하나도 찾을 수 없다. 대표적인 인물이 로마서를 기록한 바울 사도이다. 인간적으로 그는 조금도 복음 받지 못한 사람이었다. 그는 많은 환난과 고통을 감수했지만 (고후 11:23-27), 하나님은 그를 얼마나 귀하게 여기셨으며 또 얼마나 존귀하게 사용하셨는가! 당연히 그는 구원의 확신을 다루면서 '환난 중에도 즐거워하라'고 경험에 근거해서 충고할 수 있었다.

이처럼 중요한 구원의 확신을 도해로 각인시켜 보자:

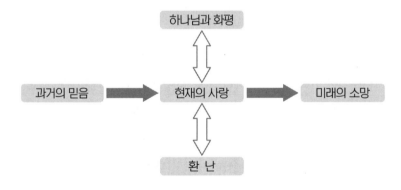

(2) 객관적 확신

"우리가 아직 연약할 때에, 기약대로 그리스도께서 경건하지 않은 자를 위하여 죽으셨도다. 의인을 위하여 죽는 자가 쉽지 않고 선인을 위하여 용감히 죽는 자가 혹 있거니와, 우리가 아직 죄인 되었을 때에 그리스도께서 우리를 위하여 죽으심으로, 하나님께서 우리에 대한 자기의 사랑을 확증하셨느니라. 그러면 이제 우리가 그의 피로 말미암아 의롭다 하심을 받았으니, 더욱 그로 말미암아 진노하심에서 구원을 받을 것이니, 곧 우리가 원수 되었을 때에 그의 아들의 죽으심으로 말미암아 하나님과 화목하게 되었은즉, 화목하게 된 자로서는 더욱 그의 살아나심으로 말미암아 구원을 받을 것이니라. 그뿐 아니라 이제 우리로 화목하게 하신 우리 주 예수 그리스도로 말미암아 하나님 안에서 또한 즐거워하느니라." (5:6-11).

성령의 내주 때문에 깊이 깨닫는 진리가 있는데, 그것은 십자가에서 죽으신 예수 그리스도이다. 성령의 역할 중 매우 중요한 것은 그리스도 예수의 영광을 드러내는 것이다. 예수님이 직접 하신 말씀을 읽어보자. "그가 [성령이] 내 영광을 나타내리니, 내 것을 가지고 너희에게 알리시겠음이라" (요 16:14). 그렇다! 예수님은 하나님의 영광을 나타내시고 (요 12:28), 성령은 그리스도 예수의 영광을 나타내신다.

바울 사도는 구원의 확신을 다루면서 "우리에게 성령이 주어졌다"고 말했다 (5:5). 예수 그리스도를 구주요 주님으로 믿는 순간 성령이 들어오셨다. 바울 사도는 다른 곳에서 그 사실을 이렇게 표현했다, "그 안에서 너희도 진리의 말씀 곧 너희의 구원의 복음을 듣고, 그 안에서 또한 믿어 약속의 성령으로 인치심을 받았으니" (엡 1:13). 복음인 예수 그리스도의 죽음과 부활을 받아들일 때 약속대로 성령이 들어오셔서 도장을 찍으셨다는 말씀이다.

성령은 예수 그리스도의 영광을 나타내신다고 말씀하신 대로, 성령은 믿음을 통하여 구원받은 그리스도인에게 십자가에서 죽으신 예수님을 제일 먼저 나타내신다. 그 이유는 분명하다! 막 구원받은 사람에게 십자가만큼 중요한 사건이 무엇이 있겠는가? 십자가에서 흘리신 예수님의 피가 그 사람의 모든 죄를 씻어주었다. 그로 하여금 하나님처럼 의롭다 하심을 얻게 하신 것도 역시 십자가의 죽음 때문에 가능했다.

바울 사도는 십자가의 사건을 세 가지로 묘사하면서 그리스도인에게 객관적 확신을 심어주었다. 다른 말로 표현하면, 그의 감정이 어떤 상태에 있는가에 상관없이 십자가의 죽음이라는 역사적인 사건 때문에 구원받았다는 것이다. 그가 물질적인 축복을 받았느냐 아니면 못 받았느냐와 상관없다는 것이다. 구원의 확신의 근거는 영원히 변치 않는 십자가에서 죽으신 예수 그리스도의 죽음이라는 것이다.

바울 사도가 제시한 첫 번째 십자가의 죽음에 대하여 들어보자, "우리가 아직 연약할 때에, 기약대로 그리스도께서 경건하지 않은 자를 위하여 죽으셨도다" (5:6). '우리가 아직 연약할 때'에서 연약함이란 표현은 아담과 하와가 불순종하여 하나님과의 관계가 끊어진 상태를 가리킨다.[19] '우리' 그리스도인은 예수 그리스도에게 돌아올 때까지 연약했다. 자신의 힘으로 그리스도에게로 돌아설 수가 없었다. 매일의 생활에서 죄를 극복할 수도 없었다.

그렇게 영적으로나 도덕적으로 타락한 죄인을 위하여 하나님은 구속을 기획하셨고, 그리고 그 기획대로 예수님은 죽으셨다. 그 하나님의 기획에는 시간도 포함되어 있었다. 예수님은 역사의 한 가운데서 태어나셨고,[20] 그리고 죽으셨다. 바울 사도의 표현대로였다. "때가 차매 하나님이 그 아들을 보내사 여자에게서 나게 하시고 율법 아래에 나게 하신 것은 율법 아래에 있는 자들을 속량하시고 우리로 아들의 명분을 얻게 하려 하심이라" (갈 4:4-5).

두 번째 십자가의 죽음에 대해서도 들어보자. "우리가 아직 죄인 되었을 때에, 그리스도께서 우리를 위하여 죽으심으로 하나님께서 우리에 대한 자기의 사랑을 확증하셨느니라" (5:8). 위에서 '경건하지 않은 자'란 하나님과의 관계에서 죄짓는 자들을 가리킨다. 반면, '우리가 아직 죄인 되었을 때'는 하나님과의 관계는 물론 다른 사람들과의 관계에서 죄짓는 자들을 가리킨다. 그러므로 하나님과 어떤 관계도 맺을 수 없는 인간을 가리킨다.

바울 사도는 세 번째 십자가의 죽음에 대해서 어떻게 표현했는가? "곧 우리가 원수 되었을 때에, 그의 아들의 죽으심으로 말미암아 하나님과 화목하게 되었은즉…" (5:10a). 처음에는 '경건하지 않은 자'라고 했다가, 그 다음 '죄인'이라고 했는데, 마지막으로는 '우리가 원수 되었을 때'라고 하면서 갈수록 표현이 심각해진다. '원수'는 한마디로 말해서 적군이다. 서로 죽일 수밖에 없는 미움의 대상이라는 것이다.

십자가의 죽음을 깨달으면 깨달을수록 한편 '우리'의 처절한 모습을 보게 된다. 그런데 그토록 처참한 죄인이요 원수인 '우리'를 위하여 하나님은 당신의 하나밖에 없는 아들을 십자가에서 죽게 하셨다. 그 결과 우리의 경건치 않은 죄들뿐 아니라, 기타 모든 죄들도 용서되었다. 한발 더 나아가서, 하나님의 원수인 우리를 죽이지 않으시고, 그 대신 아들을 죽이심으로 우리로 하여금 하나님과 화목되게 하심으로 우리를 친구로 삼으셨다.[21]

그렇다! 예수 그리스도가 십자가에서 피를 흘리며 죽으신 것은 역사적인 사건이었다. 예수 그리스도는 사람들이 믿든 말든 갈보리 산 위에 있는 십자가에 높이 달리셨다. 그 위에서 그분은 '다 이루었다'라고 외치셨다 (요 19:30). 우리의 죄 값을 다 치루셨다는 선포였다. 그때부터 하나님은 우리를 예수 그리스도를 통하여 보시기 때문에 우리에게는 어떤 죄도 남아있지 않은 것이다. 그 십자가를 바라보면서 갖는 구원의 확신이 바로 객관적인 확신이다.

(3) 삼중적 구원

a. 중생

'구원'이란 표현은 죄의 결과인 죽음과 심판에서 해방된다는 것을 뜻한다. '의롭다 하심'은 재판관이신 하나님이 '나'의 죄를 모두 용서하신다는 뜻이다. '양자'는 하나님이 '나' 같은 죄인 중의 괴수라도 당신의 자녀로 삼아주셨다는 것을 뜻한다. 중생은 '내'가 구원받는 순간 '나'의 마음 안에 성령이 들어오신 사실을 강조한다. 성령의 내주로 말미암아 '나'에게 새로운 생명이 주어진 것이다. 그리고 내주하신 성령의 역사로 '나'는 변화된 삶을 누리기 시작하며, 거룩한 삶도 살고 또 능력의 삶도 살 수 있다.

그러니까 '구원,' '칭의,' '양자,' '중생'은 같은 경험을 다른 관점에서 표현한 용어들이다. 물론 같은 경험이란 '내'가 하나님 앞에서 죄인이라는 사실을 깨닫고, '나'의 죄에서 돌이킬 뿐 아니라, '나' 같은 죄인을 위하여 십자가에서 피를 흘리고 죽으셨다 다시 살아나신 예수 그리스도를 믿고 영접한 사실이다. 그런데 그 용어들 중 '중생'은 성령의 역사와 내주를 표현하면서 '나'의 변화된 경험을 강조한다.

위에서 이미 언급한 대로, 이렇게 거듭난 '나'는 주님의 재림을 '소망'하며 살아가는 기대의 삶을 산다. 물론 주님이 다시 오실 때 '내' 안에 계신 성령으로 말미암아 '나'의 몸이 "썩을 것으로 심고 썩지 아니할 것으로 다시 살아나며, 욕된 것으로 심고 영광스러운 것으로 다시 살아나며 약한 것으로 심고 강한 것으로 다시 살아나며, 육의 몸으로 심고 신령한 몸으로 다시 살아나다" (고전 15:42-44).

그런데 구원의 시제는 과거와 현재와 미래를 아우른다. 과거의 구원은 영적 구원이며, 현재의 구원은 생활의 구원이고, 미래의 구원은 몸의 구원이다. 이 세 가지 국면을 모두 포함시키어 구원이라고 한다. 그러니까 구원은 필연적으로 중생과 성화와 재림을 포함한다. 중생은 과거의 구원, 곧 영적 구원이다. 성화는 현재의 구원, 곧 생활의 구원이다. 재림은 두말할 필요도 없이 미래의 구원, 곧 몸의 구원이다. 바울 사도는 이런 세 가지 구원을 모두 로마서에서 포함시킨다. 다시 그 말씀을 인용해보자:

"그러면 이제 우리가 그의 피로 말미암아 의롭다 하심을 받았으니 더욱 그로 말미암아 진노하심에서 구원을 받을 것이니, 곧 우리가 원수 되었을 때에 그의 아들의 죽으심으로 말미암아 하나님과 화목하게 되었은즉, 화목하게 된 자로서는 더욱 그의 살아나심으로 말미암아 구원을 받을 것이니라" (롬 5:9-10).

이 말씀에서 바울 사도는 과거의 구원인 영적 구원을 이렇게 묘사한다, "그의 피로 말미암아 의롭다 하심을 받았으니." 예수 그리스도가 십자가에서 쏟으신 피 값으로 '나'의 죄가 용서받았다는 말이다. 그리고 이어서 미래의 구원인 몸의 구원을 이렇게 묘사한다, "더욱 그로 말미암아 진노하심에서 구원을 받을 것이니." 이 말씀에 의하면, 영적 구원이나 몸의 구원은 예수 그리스도가 흘리신 피 값으로 이루어진다. 달리 말하면, '나'를 위하여 십자가에서 피를 흘리시며 죽으신 예수 그리스도를 '나'의 구세주로 받아들이면, 영의 구원(과거)과 몸의 구원(미래)이 함께 이루어진다.

그런데 바울 사도는 거기에서 그치지 않고 한발 더 나아가서 과거의 구원은 현재의 구원과도 연결된다고 말한다. 그의 말을 다시 인용해보자, "그의 아들의 죽으심으로 말미암아 하나님과 화목하게 되었은즉, 화목하게 된 자로서는 더욱 그의 살아나심으로 말미암아 구원을 받을 것이니라." 이 말씀에서 '하나님과 화목하게 되었다'는 것은 의롭다하심을 달리 묘사한 것이다. 단지 하나님과 깨어진 관계가 회복되어 친구가 되었다는 것을 강조한 것뿐이다.

그런데 "화목하게 된 자로서는 더욱 그의 살아나심으로 말미암아 구원을 받을 것이라"는 말씀은 영적 구원을 경험한 '나'는 생활의 구원도 경험해야 한다는 것이다. 그런데 생활의 구원도 역시 '그의 아들의 죽으심으로' 가능하다는 것이다. 이것을 달리 표현하면, 영적으로 구원받은 '나'는 필연적으로 생활의 구원도 누려야 된다는 말이다. 얼마나 놀라운 진리인가! '내'가 십자가 앞에 나와서 예수 그리스도의 구속적 죽음을 받아들이는 순간, 구원을 받았다. 그런데 그 구원은 영적 구원만이 아니라, 생활의 구원과 몸의 구원을 다 포함한다.

b. 재림

결국 영적 구원으로 시작된 구원은 몸의 구원으로 완성된다. 그리고 몸의 구원은 두말할 필요도 없이 예수 그리스도가 왕 중의 왕이요 주 중의 주로 재림하실 때 이루어진다. "너희 안에서 착한 일을 시작하신 이가 그리스도 예수의 날까지 이루실 줄을 우리는 확신하노라"고 외친 바울 사도의 말 그대로이다 (빌 1:6). '착한 일,' 곧 영적 구원을 이루신 예수 그리스도는 재림하실 때 그렇게 시작하신 구원을 완성하신다.

위에서 인용한 말씀에서는 주님의 재림을 이렇게 묘사한다, "그로 말미암아 진노하심에서 구원을 받을 것이니" (5:9). 그분의 재림을 '진노하심'이라고 묘사한 것은 그때에 모든 죄인이 심판을 받게 되기 때문이다. 과연 그날은 두려움의 날이자 동시에 진노의 날이다. 그러나 구원받은 '나'는 그처럼 무서운 진노를 받지 않을 것이다. 하나님의 진노가 아무리 무서워도 예수 그리스도를 통하여 구원받은 '나'는 심판 대신 영광의 주님을 만나게 될 것이다. 그렇게 만날 때 '나'의 몸은 완전한 몸으로 변화되어 하나님이 계신 천국으로 인도될 것이다. 그것이 바로 몸의 구원, 곧 미래의 구원이다.

c. 성화

바울 사도의 말을 다시 한번 인용하면서 현재의 구원, 곧 생활의 구원에 대하여 알아보자: "우리가 원수 되었을 때에 그의 아들의 죽으심으로 말미암아 하나님과 화목하게 되었은즉, 화목하게 된 자로서는 더욱 그의 살아나심으로 말미암아 구원을 받을 것이니라" (롬 5:10). '나'는 하나님을 떠나 마음대로 살던 죄인이었다. 그뿐 아니라, 시시때때로 하나님을 대적한 못된 존재였다.

한마디로 말해서, '나'는 하나님을 원수로 삼고 살았던 무지몽매한 죄인이었다. 하나님의 원수인 '나'를 위하여 하나님의 친아들이 죽으시다니, 인간적으로는 이해할 수 없는 일이었다. 그럼에도 불구하고 그분의 죽음으로 원수였던 '내'가 하나님과 화목하게 되었다. 참으로 엄청난 대가를 치루고 얻은 화목이었다. 그 결과 하나님은 '나'를 당신의 자녀요 친구로 삼아주셨던 것이다.

'나'는 그때부터 하나님의 자녀라는 신분과 특권을 누리기 시작했다. '나'의 아버지가 되신 하나님은 '나'와 함께 하시며, '나'의 기도도 들어주시고, '나'의 손목을 꼭 잡으시고 한 걸음씩 '나'의 걸음마를 인도하신다. 마침내는 아버지의 유산도 물려받는 약속도 받았다. 바울 사도의 묘사이다, "자녀이면 또한 상속자 곧 하나님의 상속자요 그리스도와 함께 한 상속자니…" (롬 8:17).

이처럼 하나님의 자녀라는 엄청난 신분은 동시에 '나'에게 그만한 책임도 갖게 하는데, 그것은 바로 하나님의 자녀답게 살아야 한다는 것이다. 현재에 하나님의 자녀답게 산다는 것은 다른 말로 하면, 생활의 구원이다. 그런데 그런 생활의 구원, 곧 현재의 구원도 역시 예수 그리스도의 죽음과 부활 때문에 가능하게 되었다. 위의 말씀을 다시 인용하면서 설명해보자. "그의 살아나심으로 말미암아 구원을 받을 것이니라." 십자가에서 죽으신 예수 그리스도는 다시 살아나셨을 뿐 아니라, 성령으로 '나'의 마음 안에 들어오셔서, '내'가 생활의 구원을 이룰 수 있도록 함께 하시면서 도와주신다.

이런 생활의 구원을 성화 내지 성결이라고 한다. 다시 말해서, 거룩하게 살아야 한다는 것이다. 만일 '내'가 거룩하게 살지 못하면, 영적으로 구원 받았는지 어떻게 알 수 있는가? 그뿐 아니라, 주님이 다시 오실 때 그분을 영광 중에 만나게 될지 어떻게 알 수 있는가? 그런 이유 때문에 성화는 과거의 구원인 영적 구원과 미래의 구원인 몸의 구원을 연결해주는 가교架橋이다.

　예수 그리스도를 믿어 영적으로 구원받은 '나'는 필연적으로 그 구원을 삶으로 증언할 수 있어야 한다. 그렇게 현재의 삶에서 구원을 경험할 때 '나'는 반드시 미래의 구원, 곧 몸의 구원도 경험하게 될 것이다. 그런 까닭에 구원은 언제나 삼중적인 것으로, 과거와 현재와 미래의 구원이 있다. 그중 어떤 것도 빼서는 안될 만큼 하나로 묶여져있다. 바울 사도는 로마서에서 영적 구원을 다룬 후 (3:21-5:11), 구원의 다른 측면인 성화를 다루기 시작한다.

　삼중적 구원을 도해해보자:

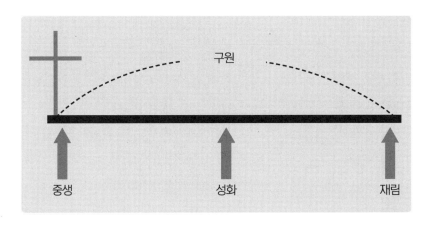

6. 성화론

1) 구원의 선물

'내'가 이처럼 구원을 받아서 하나님의 자녀가 되었을 때 '나'는 값없이 의롭다 하심을 받았다. '내'가 하나님 보시기에 하나님처럼 의로워진 의인義人이 되었다는 말이다. 그렇다면 그렇게 의인이 되어 하나님의 자녀가 된 '나'에게 하나님은 어떤 선물을 주셨는가? 바울 사도는 로마서 5장 1~2절에서 세 가지 선물을 주셨다고 자랑스럽게 발표하는데, 곧 '화평'과 '은혜'와 '영광의 소망'이다. 그 말씀을 인용해보자:

> "그러므로 우리가 믿음으로 의롭다 하심을 받았으니, 우리 주 예수 그리스도로 말미암아 하나님과 **화평**을 누리자. 또한 그로 말미암아 우리가 믿음으로 서 있는 이 **은혜**에 들어감을 얻었으며, 하나님의 **영광**을 바라고 즐거워하느니라."

'화평'이라고 번역되기도 하고 '평안'이라고도 번역되는 샬롬은 완전한 관계에서 나오는 경험이다. 가장 중요한 관계는 두말할 필요도 없이 하나님과의 관계이다. 소극적으로는 죄를 짓지 않으며, 적극적으로는 하나님의 뜻에 순종할 때 하나님과 완전한 관계를 누린다. 그런 하나님과의 관계는 자연스럽게 다른 사람들과의 관계에도 영향을 미쳐서 좋은 관계를 갖게 된다. 그렇게 완전한 삼중적인 관계를 유지할 때 생기는 것이 '평안,' 바로 샬롬이다.

그런 샬롬을 추구하던 유대인들에게 주어진 것은 무엇이었는가? 그들은 바벨론 제국에 의하여 나라를 잃으면서, 고국도 잃었고, 가정과 부모는 물론 형제자매도 잃었고, 한 발 더 나아가서 이방인의 종이 되었다. 결코 샬롬의 삶이 아니었다. 그래서 유대인들은 샬롬을 종말론적인 경험으로 이해하기 시작했다. 그런 사실을 뒷받침하는 말씀을 한 곳만 보자:

"마침내 위에서부터 영을 우리에게 부어 주시리니, 광야가 아름다운 밭이 되며 아름다운 밭을 숲으로 여기게 되리라. 그 때에 정의가 광야에 거하며 공의가 아름다운 밭에 거하리니, 공의의 열매는 화평이요 공의의 결과는 영원한 평안과 안전이라" (사 32:15-17).

그런데 바울 사도는 구원받은 사람들이 누리는 것 중 첫 번째가 바로 '평화'라는 것이다. 다시 말해서, 예수 그리스도를 통한 구원의 역사가 하나님 보시기에는 종말의 시작이라는 것이다. 그렇다! 하나님의 말씀은 예수 그리스도를 통한 성령의 임재를 종말이라고 하였다. 이 사실을 확증하기 위하여 요엘서를 인용한 베드로의 말을 인용해보자.

> "그 후에 내가 내 영을 만민에게 부어 주리니, 너희 자녀들이 장래 일을 말할 것이며, 너희 늙은이는 꿈을 꾸며, 너희 젊은이는 이상을 볼 것이며"(욜 2:28).

베드로는 이 말씀을 인용하면서 "그 후에"를 이렇게 바꾸었다, "이는 곧 선지자 요엘을 통하여 말씀하신 것이니 일렀으되, 하나님이 말씀하시기를, **말세에** 내가 내 영을 모든 육체에 부어 주리니…" (행 2:16-17). 그렇다! 예수 그리스도를 통하여 성령이 모든 믿는 자들에게 주신 것은 말세의 시작이다. 이렇게 시작된 말세는 주님이 재림주로 다시 오실 때까지 지속된다. 이런 사실을 도해해보자:

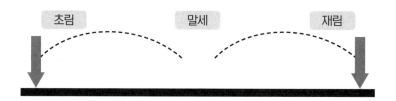

초림　　　　　말세　　　　　재림

예수 그리스도를 믿는 '나'는 이런 샬롬을 누리며 살기 때문에 종말론적인 삶을 영위한다. 그리고 이런 샬롬을 누리며 전하는 교회는 종말론적 공동체라고 불린다. 이처럼 종말론적인 삶을 영위하는 '나'에게 주어진 두 번째 선물은 '은혜'이다. '은혜'는 자격 없는 '나'에게 부어주는 하나님의 베푸심이다. '나'는 하나님의 '은혜'로 구원 받았고, 그 '은혜'로 환난 중에서도 평안을 누리며, 그 '은혜' 때문에 주님이 재림하실 때 그분을 만난다. 그렇다! '나'는 한 순간도 하나님의 '은혜'가 없이는 살 수 없는 하나님의 자녀가 된 것이다.

바울 사도에 의하면, '내'가 구원받을 때 하나님이 '나'에게 주시는 세 번째 선물은 '소망'이다. '내'가 사는 세상이 아무리 악을 향하여 달려간다고 해도, 사람들이 아무리 서로를 속이고 헐뜯어도, 그리고 그 와중에서 '내'가 아무리 시달려도 '나'에게는 놀라운 '소망'이 있다. 그것은 '나'를 데리고 천국으로 가기 위하여 주님이 재림하신다는 '소망'이다. 그날 주님을 뵈옵는 영광도 누리게 될 것이기에, '영광의 소망'이라고도 한다.

이 세 가지 경험, 곧 '평화'와 '은혜'와 '소망'은 초림의 예수 그리스도를 통하여 주어지나, 그래도 부분적이다. 완전한 '평화'와 '은혜'와 '소망'은 그분이 재림하실 때 성취되는 놀라운 경험이다. 그런 이유 때문에 '나'는 주님의 초림과 재림 사이에서 부분적으로 '평화'와 '은혜'와 '영광의 소망'을 누리지만, 결국 완전한 경험을 위하여 한 걸음씩 나아가는 순례자이다.

비록 '나'는 '소망'을 가지고 이 세상을 살아가는 순례자이지만, 평범한 순례자가 아니다. 왜냐하면 '나'는 하나님의 자녀이기 때문이다. '나'를 둘러싸고 있는 세상은 악하고 추하지만, 그래도 '나'는 하나님의 자녀답게 살아야 한다. 하나님의 자녀답게 살면서 '내'가 세상과 다르다는 사실을 증언해야 한다.

그렇다면 어떻게 사는 것이 하나님의 자녀다운 삶이며 다른 삶인가? 두말할 필요도 없이 다른 삶은 바로 거룩한 삶이다. 그리고 거룩한 삶은 다른 말로 성화 내지 성결의 삶이다. 성화는 거룩하게 변화되어가는 과정을 강조하고, 성결은 성령의 충만으로 거룩하게 된 경험을 강조한다. 그렇다면 어떻게 사는 것이 거룩한 삶이며 성결한 삶인가? 바울 사도는 거룩한 삶의 중요성을 너무나 잘 알고 있었다. '내'가 거룩한 삶을 살 수 있는 방법을 차례로 알려 줄 필요가 있었다. 그 가르침이 바로 로마서의 성화론이다.

2) 성화론의 개요

예수 그리스도가 십자가에서 죽으셨다가 다시 살아나신 큰 역사 때문에 '나'는 구원받았다. 그리고 그 구원은 반드시 현재의 생활로 연결되어야 한다. 그런 현재의 구원을 성화 내지 성결이라고 언급한 바 있다. 그렇게 거룩하게 사는 것이 하나님의 자녀답게 사는 것이다. 그런 이유 때문에 하나님은 베드로 사도를 통하여 이렇게 명령하신다:

> "오직 너희를 부르신 거룩한 이처럼 너희도 모든 행실에 거룩한
> 자가 되라. 기록되었으되, 내가 거룩하니 너희도 거룩할지어다 하
> 셨느니라"(벧전 1:15-16).

(1) 원죄
물론 '거룩한 자가 되라'는 명령은 성결의 삶을 살라는 명령이다. 그런데 불행하게도 '나'를 인하여 거룩한 삶을 방해하는 것들이 여기저기에서 나타난다. 바울 사도가 로마서에서 제시하는 방해물들은 크게 네 가지이다. 첫 번째는 구원받은 후에도 '나'에게 남아있는

원죄이다. 그런데 두말할 필요도 없이 원죄는 아담으로부터 물려받은 것이다.

아담은 "선악을 알게 하는 나무의 열매를 먹지 말라"는 하나님의 명령을 뻔히 알면서도 (창 2:17), 순종하지 않고 그 열매를 따먹었다. 이처럼 하나님이 알려주신 명령을 어긴 행위를 불순종이라고 한다. 그 불순종 때문에 아담은 죄인이 되었으며, 그때부터 그는 사망의 그림자를 떠날 수 없게 되었다. 그런데 불행하게도 그 불순종의 결과 주어진 원죄가 '나'를 포함한 모든 인간에게 전가되었던 것이다.

심지어는 예수 그리스도의 구속적 사역으로 구원받은 '나'에게도 그 원죄가 남아서 '내'가 하나님의 자녀답게 사는 것을 방해하고 있는 것이다. 거룩하게 살고픈 '나'로 하여금 죄를 범하게 하는 원죄 때문에 생겨난 것이 바로 죄성, 곧 죄의 성품이다. 그리고 그 죄성 때문에 시시때때로 넘어지는 것이다. 거룩하기는커녕 오히려 그 반대의 생활을 할 때가 너무나 빈번한 것이다. 이런 사실을 그림으로 보면 다음과 같다.

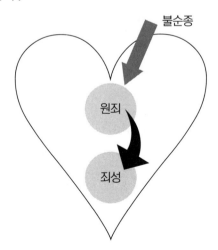

바울 사도는 이와 같이 원죄에서 생긴 죄의 성품 때문에 시시때때로 갈등을 겪게 된다고 언급한다:

"내가 이르노니 너희는 성령을 따라 행하라 그리하면 육체의 욕심을 이루지 아니하리라. 육체의 소욕은 성령을 거스르고 성령은 육체를 거스르나니 이 둘이 서로 대적함으로 너희가 원하는 것을 하지 못하게 하려 함이니라"(갈 5:16-17).

성화를 가르치면서 바울 사도는 로마서에서 이런 갈등을 어떻게 해결할 수 있을지 분명히 알려준다. 바울 사도가 제시한 생활의 구원, 곧 성결을 경험하면 '나'도 거룩한 삶을 영위하면서 하나님의 자녀답게 이 세상을 헤쳐 나갈 수 있게 된다는 것이다. 만일 그런 능력과 거룩의 삶이 가능하지 못하다면, 바울 사도는 로마서에서 성결의 방법을 제시하지 않았을 것이다.

(2) 자아自我

바울 사도가 제시한 로마서의 성화론에 의하면, '나'로 하여금 거룩한 삶을 영위하지 못하게 하는 두 번째 방해물은 '나' 자신, 곧 자아이다. 본래 하나님이 당신의 형상대로 아담을 창조하셨을 때 그에게는 악이라곤 조금도 찾아볼 수 없었다. 그러나 아담의 불순종 이후 그뿐 아니라 모든 인간의 문제의 원인은 '나' 자신, 곧 자아라는 것이다.

'나'로 하여금 거룩하게 살면서 하나님의 자녀답게 영위하기 위해서는 '나' 자신이라는 문제를 다루지 않으면 안 된다는 것이다. 자아는 하나님의 법을 따를 수 있지만, 그 반대를 선택할 수도 있다. 그런 이유 때문에 자아의 문제가 해결되어야 하나님의 법을 선택해서 성결의 삶을 영위할 수 있다. 바울 사도는 로마서에서 '나' 자신을 어떻게 다루어야 되는지 상당히 자세하게 가르쳐준다.

(3) 율법과 계명

'나'로 하여금 거룩한 삶을 영위하지 못하게 하는 세 번째 방해물은 율법과 계명이다. 본래 하나님이 이스라엘 백성에게 계명과 율법을 주신 목적은 그들로 하여금 죄를 범하지 않게 하기 위함이었다. 그런데 아이로니컬하게도 그 계명과 율법 때문에 '내' 속 깊이 잠재해 있는 죄가 드러난다는 것이다. 죄가 드러나면 두말할 필요도 없이 계명과 율법은 다시 '나'를 정죄한다.

그러니까 '나'는 계명과 율법 때문에 죄가 드러나고, 그 죄 때문에 다시 계명과 율법의 정죄를 받는 악순환에서 헤어나지 못하는 초라한 그리스도인이라는 것이다. 바울 사도는 이런 악순환의 고리를 끊고 거룩한 삶을 영위할 수 있는 성결의 방법을 제시한다.

(4) 육신

네 번째 방해물은 육신이다. 육신은 '나'로 하여금 율법의 요구를 거부하게 한다. 그뿐 아니라, 육신은 하나님의 길을 떠나 살면서 하나님과 원수 되기를 원한다. 그렇게 육신대로 살면 마침내 죽음을 맛보고야 만다. 그런 이유 때문에 육신의 문제를 해결하지 않고는 결단코 성결한 생활은 불가능하다. 성결하지 않은 '내'가 어떻게 하나님의 자녀답게 살 수 있단 말인가?

바울 사도는 하나님과 원수 되게 하는 육신의 문제를 해결하지 않으면 성결한 삶은 고사하고, 개인적으로는 평안도 없는 쓸쓸한 삶을 영위하게 된다고 가르친다. 그런 사람은 하나님의 은혜도 마음껏 누리지 못하고, 영광 중에 다시 오실 주님에 대한 소망도 희미해져간다. 바울 사도는 이런 진단으로 끝나지 않고, 육신의 문제를 해결하여 성결의 삶으로 들어가는 방법도 제시한다.

3) 성화의 종류

성화에는 다음과 같이 6가지가 있다. (1) 종교적 성화, (2) 사회적 성화, (3) 초기 성화, (4) 점진적 성화, (5) 완전 성화, (6) 계속적 성화, (7) 절대적 성화. 종교적 성화는 종교의 영향으로 사고와 습관이 변화되는 것을 뜻한다. 무슬림의 가정에서 성장하는 자녀는 자연스럽게 부모의 영향을 받아서 무슬림에 익숙하며, 부모처럼 하루에 다섯 번씩 기도도 한다. 비록 그 기도의 의미도 모른 채 메카를 향해 엎드려 절하면서 기도한다.

사회적 성화는 다른 그리스도인 때문에 생활습관이 외적으로 변화되는 모습이다. 예를 들면, 불신자 가정에서 아내가 예수 그리스도를 통해 하나님을 믿었다고 하자. 그러면 남편은 가정에서 이상한 잡지나 야동을 보지 않게 된다. 물론 아내의 영향력 때문이다. 집에서는 담배나 술을 하기도 어려워진다. 그렇게 생활습관이 변화되고 있지만, 그렇다고 그가 진정으로 예수 그리스도를 믿고 구원받은 것은 아니다.

바울 사도는 그런 사회적 성화에 대하여 이렇게 묘사한 적이 있었다: "어떤 여자에게 믿지 아니하는 남편이 있어 아내와 함께 살기를 좋아하거든 그 남편을 버리지 말라. 믿지 아니하는 남편이 아내로 말미암아 거룩하게 되고 믿지 아니하는 아내가 남편으로 말미암아 거룩하게 되나니, 그렇지 아니하면 너희 자녀도 깨끗하지 못하니라. 그러나 이제 거룩하니라" (고전 7:13-14). 이 말씀에서 '거룩하게 되다'는 표현은 내적 변화가 아니라 외적 변화이다.

세 번째의 성화는 초기 성화인데, 이것은 위의 두 성화인 종교적 성화와 사회적 성화와는 달리, 진정으로 거듭난 그리스도인이 누리는 성화이다. 이미 위에서 본 것처럼, 죄인이 그의 죄를 회개하고 그를 위하여 속량과 화목제물의 피를 흘리고 죽으신 예수 그리스도를 믿으면 그는 거듭난다. 그가 거듭날 때 물론 그의 모든 죄가 용서되었지만, 그의 삶을 변화시키는 것은 성령의 내주이다. 다시 말해서, 성령이 그의 삶 안으로 들어오신 것이다.

그렇게 거듭난 그리스도인은 성령의 내주로 생각과 언행이 바뀌기 시작한다. 그는 더 이상 죄짓는 것을 즐기지 않으며, 그를 구원해주신 주님을 기쁘시게 해드리는 삶을 살기 원한다. 이런 변화를 초기 성화라고 한다. 비록 그가 이처럼 변화된 것도 사실이지만, 그렇다고 더 이상 죄를 짓지 않거나 항상 주님을 기쁘시게 하는 삶도 영위하지 못한다. 변화는 시작되었지만, 아직도 갈 길이 먼 것이다.

그다음의 성화가 점진적 성화이다. 점진적 성화는 문자 그대로 조금씩 그러나 꾸준히 이루어지는 변화를 가리킨다. 새롭게 거듭난 그리스도인은 두 가지 성품을 갖게 되는데, 하나는 주님을 기쁘시게 하려는 성품이고 또 하나는 자신의 기쁨을 추구하려는 성품이다. 전자는 성령의 내재內在로 인하여 주어진 것이나, 후자는 그가 태어나면서부터 가지고 있는 죄성 때문에 있는 것이다.

새로운 그리스도인은 이 두 가지 성품 사이에서 반복적으로 요철(凹凸, up & down)을 경험한다. 그런 경험을 하면서 그는 필연적으로 갈등을 갖게 된다. 이 갈등은 밖에서 오는 요인 때문에 일어나는 것이 아니라, 그의 마음에서 일어나는 내적 갈등이다. 그런데 놀라운 사실은 이런 갈등 중에도 그는 조금씩 변화되어가고 있다는 사실이다. 왜냐하면 그의 마음 안에 상주하시는 성령의 역사 때문이다.

새로운 그리스도인은 그런 갈등 속에서도 예배에 출석하여 찬송도 부르고 하나님의 말씀도 듣게 된다. 그뿐 아니라, 시시때때로 스스로 성경도 읽고 기도도 한다. 그리고 주님 뜻대로 살기를 원하는 간절한 소원도 갖는다. 어떤 때는 불신자들과 어울리지만, 또 어떤 때는 성도와 어울리면서 조금씩 성장하고 있는데, 이런 현상을 점진적 성화라고 한다. 바울 사도는 로마서의 성화론에서 이런 과정을 묘사하면서 극복의 방법도 제시한다.

바울 사도에 의하면, 갈등의 극복은 여러 단계를 거쳐야 하는데, 로마서에서 제시한 것은 네 단계이다. 그만큼 갈등의 문제를 해결하는 것이 어떻게 보면 쉽지 않다는 뜻일 수도 있다. 그런데 감사한 것은 갈등의 문제를 해결할 수 있는 단계를 바울 사도가 로마서에서 구체적으로 제시하였다는 것이다. 만일 로마서가 없었다면, 많은 그리스도인은 어떻게 할 바를 모르고 보다 오랫동안 암흑 속에서 허우적거렸을 것이다.

이 시점에서 거듭난 그리스도인이 거쳐야 할 성화의 단계를 도해해보자:

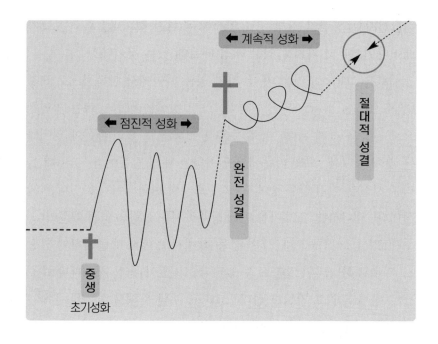

이 도해에 의하면, 좌편에 점선은 믿기 전의 삶을 가리킨다. 그러다가 어느 날 십자가 앞에 나와서 죄를 용서받고 거듭나게 되었다. 그때 중생의 경험을 한 것이다. 이런 중생의 경험을 다른 말로 초기 성화라고도 한다. 중생 이후의 그림은 오르락내리락하는 요철인데, 이것은 갈등을 가리킨다. 어떤 때는 즐거움을 누리는데, 그때의 그림은 올라가는 것이다^{up}. 그러나 다시 죄를 지면 내려간다^{down}.

그런데 다행스러운 것은 이런 *up & down*의 폭이 갈수록 작아진다. 그 이유는 간단하다! 그 그리스도인이 점진적으로 성화되고 있기 때문이다. 그런 성화의 과정에서 그는 적어도 두 가지를 깨달아야 하는데, 하나는 그의 노력과 헌신 때문에 갈등의 문제를 해결할 수 없다는 사실이다. 둘째는 그의 삶에 그로 하여금 주님의 뜻대로 살아가지 못하게 하는 죄성이 내재하고 있다는 사실이다.

그런 깨달음 때문에 그는 다시 한번 그를 위하여 십자가에 달려 죽으신 그의 구주 앞으로 나오게 되면, 그에게는 큰 소망이 있다. 그는 다시 한번 십자가에서 자신이 죽지 않으면 그 갈등을 해결할 수 없다는 사실을 깨닫게 되면, 그는 다음 단계로 넘어가는데, 곧 완전 성결이다. 완전 성결이란 적극적으로는 성령의 충만과 지배를 경험했다는 뜻이다. 그 결과 그는 순수한 의도를 갖게 되어 주님을 기쁘시게 하는 생각과 언행을 하게 된다.

소극적으로는 그를 향해 달려오는 유혹을 이길 수 있게 된다. 물론 성령의 도움과 능력을 힘입은 것도 사실이지만, 그가 인격적으로 유혹을 물리치는 결단도 중요한 역할을 한다. 이것이 바로 저 유명한 복음적 신인협동神人協同이라는 가르침이다. 그리스도인은 순수한 의도로 주님을 위하여 결단하고, 성령은 그 결단을 도우신다는 가르침이다. 바울 사도는 이런 상태를 로마서 8장에서 제시한다.

이 단계를 완전 성결이라고 하는 이유가 있다. 성화는 거룩하게 되어가는 과정을 강조하지만, 성결은 거룩하게 된 경험을 강조한다. 그런 까닭에 완전 성결인데, 완전이란 표현은 의도의 완전성을 강조하기 위한 표현이다. 그는 위로 주님도 사랑하며, 아래로 다른 성도도 사랑한다. 그렇게 완전 성결을 경험한 그리스도인은 절대적으로 완전해졌단 말인가? 그렇지 않다! 그런 절대적 성결은 이 세상에서는 가능하지 않다.

그 이유는 분명하다! 여전히 한계 있는 육체를 가지고 있기 때문이다. 성령의 충만을 경험하여 완전 성결에 들어갔더라도 그는 여전히 많은 실수를 하는데, 이것을 인간의 허약성虛弱性이라고 한다.

그뿐 아니라, 그는 여전히 많은 것을 다 기억하지 못하고 잊어버린다. 이것은 인간의 한계성限界性이라고 한다. 그런 이유 때문에 그는 질병과 고통을 초월할 수 없다. 노화老化의 과정도 피할 수 없다.

그러나 성령의 충만을 경험하여 완전 성결에 들어가면 비인간화로 돌변하지도 않는다. 다시 말해서, 인간답지 않은 인간이 되지 않는다는 말이다. 오히려 그는 참 인간의 모습을 회복한다. 그는 음音에 대한 귀가 열려서 차원 높은 음악을 즐긴다. 또한 미美에 대한 안목이 열려서, 예술 작품은 물론 하나님의 창조를 즐기게 된다. 몸의 귀함도 인식하여 음식도 조절하며, 적당한 운동도 한다.

그렇다면 완전 성결이 신앙생활의 끝인가? 물론 아니다! 그런 경험을 한 그리스도인은 계속적으로 성화해야 한다. 왜냐하면 그의 궁극적인 목표는 예수 그리스도를 닮는 것이기 때문이다. 그는 계속 말씀과 기도를 통하여 주님을 묵상하며 또 불신자들에게 전해야 한다. 그뿐 아니라, 다른 그리스도인들과 긴밀한 교제를 유지해야 한다. 그렇지 않으면 그는 더 이상 성화를 지속하지 못할 뿐 아니라, 그 경험을 잃을 수도 있다.

그렇게 거룩한 삶을 살다가 마침내 주님을 만나게 될 것이다. 그분이 재림하시거나 아니면 그리스도인이 죽을 때이다. 그는 주님을 만나면서 그분처럼 변화될 것이다. 사도 요한의 말을 들어보자, "사랑하는 자들아, 우리가 지금은 하나님의 자녀라 장래에 어떻게 될지는 아직 나타나지 아니하였으나 그가 나타나시면, 우리가 그와 같을 줄을 아는 것은 그의 참모습 그대로 볼 것이기 때문이니" (요일 3:2). 주님처럼 변화되는 절대 성결로 들어간다.[22]

그럼 이제부터 바울 사도가 로마서에서 제시한 성화의 과정을 차례로 알아보자.

4) 성화의 첫 단계: 원죄의 해결 (5:12-21)

"그러므로 한 사람으로 말미암아 죄가 세상에 들어오고 죄로 말미암아 사망이 들어왔나니, 이와 같이 모든 사람이 죄를 지었으므로 사망이 모든 사람에게 이르렀느니라. 죄가 율법 있기 전에도 세상에 있었으나, 율법이 없었을 때에는 죄를 죄로 여기지 아니하였느니라. 그러나 아담으로부터 모세까지 아담의 범죄와 같은 죄를 짓지 아니한 자들까지도 사망이 왕 노릇 하였나니, 아담은 오실 자의 모형이라. 그러나 이 은사는 그 범죄와 같지 아니하니, 곧 한 사람의 범죄를 인하여 많은 사람이 죽었은즉, 더욱 하나님의 은혜와 또한 한 사람 예수 그리스도의 은혜로 말미암은 선물은 많은 사람에게 넘쳤느니라. 또 이 선물은 범죄한 한 사람으로 말미암은 것과 같지 아니하니, 심판은 한 사람으로 말미암아 정죄에 이르렀으나, 은사는 많은 범죄로 말미암아 의롭다 하심에 이름이니라. 한 사람의 범죄로 말미암아 사망이 그 한 사람을 통하여 왕 노릇 하였은즉, 더욱 은혜와 의의 선물을 넘치게 받는 자들은 한 분 예수 그리스도를 통하여 생명 안에서 왕 노릇 하리로다. 그런즉 한 범죄로 많은 사람이 정죄에 이른 것 같이, 한 의로운 행위로 말미암아 많은 사람이 의롭다 하심을 받아 생명에 이르렀느니라. 한 사람이 순종하지 아니함으로 많은 사람이 죄인 된 것 같이, 한 사람이 순종하심으로 많은 사람이 의인이 되리라. 율법이 들어온 것은 범죄를 더하게 하려 함이라. 그러나 죄가 더한 곳에 은혜가 더욱 넘쳤나니, 이는 죄가 사망 안에서 왕 노릇 한 것 같이, 은혜도 또한 의로 말미암아 왕 노릇 하여 우리 주 예수 그리스도로 말미암아 영생에 이르게 하려 함이라.”

(1) 원죄

바울 사도는 로마서의 죄론에서 인간이 짓는 각가지 범죄를 열거하였다. 인간이 짓는 죄의 종목은 끝도 없이 많은데, 자신을 파괴하는 불의, 추악, 탐욕, 악의도 포함시켰고, 타인을 파괴하는 시기, 살인, 분쟁, 사기, 비방 등도 열거했다. 그런가 하면 하나님과의 관계를 파괴시키는 교만과 자랑 등도 포함했으며, 공동체를 파괴하는 배약, 무정, 무자비 등을 열거했다. 한마디로 말해서, 인간이 짓는 죄는 그 수를 헤아릴 수 없을 만큼 많다.

그런데 바울 사도는 로마서 5장 12절에서 그런 죄들을 만들어내는 뿌리, 곧 원죄를 다루기 시작했다. 그의 말을 직접 인용해보자, “그러므로 한 사람으로 말미암아 죄가 세상에 들어오고 죄로 말미암아 사망이 들어왔나니, 이와 같이 모든 사람이 죄를 지었으므로 사망이 모든 사람에게 이르렀느니라” (롬 5:12). 이 말씀에서 ‘죄’는 인간이 실제로 범하는 구체적인 죄들을 가리키지 않고, 그런 죄들을 일구어내는 원죄를 가리킨다.

바울 사도는 원죄라는 표현을 사용하지는 않았지만, 헬라어 성경에서 ‘죄’를 단수형으로 사용하므로, 그것이 원죄인 것을 알려준다. 물론 그 표현이 단수형이기에 원죄를 가리키지만, 동시에 “한 사람으로 말미암아 죄가 세상에 들어왔다”고 하므로, 최초의 죄, 곧 원죄가 최초의 사람인 아담을 통하여 세상에 들어왔다고 선언했다. 아담은 하나님이 금하신 명령을 뻔히 알면서도 그 명령을 깨뜨린 불순종의 죄를 지었던 것이다.

바울 사도는 그 '한 사람'이 바로 아담이었다고 아무도 오해할 수 없게 다음과 같이 설명했다. "그러나 아담으로부터 모세까지 아담의 범죄와 같은 죄를 짓지 아니한 자들까지도 사망이 왕 노릇 하였나니, 아담은 오실 자의 모형이라" (롬 5:14). 그렇다! '아담의 범죄'는 두말할 필요도 없이 아담이 하나님에게 불순종한 원죄를 가리킨다. 바로 그 원죄 때문에 모든 사람도 각종의 죄를 짓는 죄인으로 전락하였다.

(2) 사망

이미 위에서 언급한 것처럼, 하나님은 아담에게 "선악을 알게 하는 나무의 열매는 먹지 말라"고 분명히 명령하셨다 (창 2:16). 그리고 그 명령을 어길 경우 반드시 죽는다는 경고까지 하셨다. 그 경고를 보자, "네가 먹는 날에는 반드시 죽으리라" (창 2:17). 하나님의 경고인 죽음은 간단히 말해서 분리를 뜻한다. 그러니까 아담이 하나님의 경고를 무시하고 선악과를 먹으면 하나님으로부터 분리되어 관계가 단절된다는 뜻이었다.

하나님으로부터 지음을 받은 인간이 창조주와의 관계가 단절되면, 그는 더 이상 하나님의 뜻대로 살아갈 수 있는 인간이 아니다. 하나님의 뜻은 인간이 하나님과 교제하면서 행복하게 사는 것이었다. 그러나 하나님과의 관계와 교제가 단절된 인간은 더 이상 인간다운 인간일 수 없다. 그때부터 그는 비인간화의 과정에 들어가는 것이다. 그렇게 비인간화가 된 모습을 바울 사도는 로마서 1-3장에서 상세히 묘사한 바 있었다.

아담이 이렇게 불순종하자마자 그는 사망을 경험했다. 하나님의 경고대로였다! 물론 아담은 육체적으로는 930세까지 살았으나, 하나님과의 관계는 깨어진 상태에서 산 것이다. 본래 하나님이 인간을 지으실 때 그 안에 당신의 생기를 불어넣어주셨다 (창 2:7). 하나님의 생기, 곧 하나님의 영이 인간의 마음속에 내주하시므로 인간은 영이신 하나님과 교제할 수 있었다. 그리고 그렇게 내주하신 성령으로 인하여 아담은 인격자가 되었으나, 불행하게도 그 인격을 오용誤用하였다.

그러나 아담이 불순종하자 그의 마음에 내주하시던 성령이 그를 떠나가셨던 것이다. 그런 분리를 영적 사망이라고 한다. 바울 사도의 진단을 다시 들어보자, "그러므로 한 사람으로 말미암아 죄가 세상에 들어오고 죄로 말미암아 사망이 들어왔나니…" (롬 5:12). 이 진단에서 '사망이 들어왔나니'라는 말씀은 아담이 영적으로 죽었다는 뜻이다. 그의 삶에는 더 이상 하나님의 영이 내주하시지 않게 되었다는 것이다.

(3) 전가轉嫁

영적으로 죽은 아담에게서 태어난 자녀들도 하나님의 영이 그들의 마음속에 있지 않았다. 왜냐하면 죄인이 된 아담으로부터 태어난 자녀들도 똑같이 죄인으로 태어났기 때문이다. 그러니까 아담을 떠나신 하나님의 영은 아담의 자녀들에게는 처음부터 내주하지 않았다. 다윗의 고백과 같다: "내가 죄악 중에서 출생하였음이여 어머니가 죄 중에서 나를 잉태하였나이다" (시 51:5).

아담의 모든 후손은 '죄악 중에 출생한다.' 다른 말로 표현하면, 모든 인간은 원죄 때문에 생긴 죄성을 가지고 태어났다. 그 죄성 때문에 인간은 성장하면서 온갖 죄악에 연루되어 죄들을 짓는다. 그 사실을 바울 사도는 이렇게 분명히 묘사했다, "…이와 같이 모든 사람이 죄를 지었으므로 사망이 모든 사람에게 이르렀느니라" (롬 5:12b). 그러니까 인간은 죄성만 물려받은 것이 아니라 사망도 물려받은 것이다.

다시 말해서, 모든 인간에게 아담의 죄가 전가되었기 때문에 모든 인간도 영적으로 죽은 상태로 태어나고 그리고 살아간다는 것이다. 그러니까 "죄의 삯은 사망이요"라는 바울 사도의 선언은 아담은 물론 모든 인간에게도 적용되는 진리이다 (롬 6:23). 다른 곳에서 바울 사도는 이렇게까지 묘사했다, "그는 허물과 죄로 죽었던 너희를 살리셨도다" (엡 2:1). 이 묘사에서 '죄로 죽었던'은 '죄 때문에 영적으로 죽었던'이란 뜻이다.

예수 그리스도가 이처럼 영적으로 죽은 죄인들을 구원하시기 위하여 십자가에서 죽으셨고 또 부활하셨다. 그 결과 '너희를 살리셨도다.' 이 뜻은 하나님의 영이 없던 죄인들에게 부활하신 그리스도의 영이 다시 그들의 삶속으로 들어가셔서 영적 생명을 주셨다는 것이다. 물론 그 과정에서 죄인들이 반드시 거쳐야 하는 과정이 있는데, 곧 회개와 믿음이다. 그리할 때 그들은 영적으로 거듭나는 것이다.

아담의 쓴 경험, 곧 영적 사망이 모든 인간의 경험이 되었는데, 이것을 어려운 말로 전가라고 한다. 전가라는 말은 "자기의 허물을 다른 사람에게 넘겨씌우는 것이다."[23] 그런데 아담의 불순종 때문에 마치 모든 인간이 불순종한 것처럼 되어, 아담의 사망이 모든 인간의 사망이 되었던 것이다. 아담은 너무나 큰 죄를 지었고 그 죄를 전가했을 뿐 아니라, 그 죄의 결과인 사망도 전가했던 것이다.[24]

(4) 모형

바울 사도는 사망의 전가를 다시 한번 강조해서 언급한다, "그러나 아담으로부터 모세까지 아담의 범죄와 같은 죄를 짓지 아니한 자들까지도 사망이 왕 노릇 하였나니…" (롬 5:14). 왜 그는 사망의 전가를 이처럼 반복적으로 언급하는가? 그 이유는 5장 13절에서 율법과 죄의 관계를 언급했기 때문이다: "죄가 율법 있기 전에도 세상에 있었으나, 율법이 없었을 때에는 죄를 죄로 여기지 아니하였느니라" (롬 5:13).

이 말씀을 쉽게 설명하면, 모세를 통하여 율법이 주어지기 전에도 죄가 세상에 있었다. 두말할 필요도 없이 아담의 불순종 때문에 생긴 죄였다. 그런데 "율법이 없었을 때에는 죄를 죄로 여기지 아니하였다"는 말씀은 율법이 제정한 구체적인 명령을 구체적으로 짓지 않았기에 그 율법에 의하여 죄로 여겨지지 않았다는 뜻이다.

비록 율법에 의한 정죄는 없었지만, 아담으로부터 모세에 이르는 동안 모든 인간이 지는 모든 죄에 대해서 하나님은 책임을 물으셨다. 다른 말로 하면, 그 시대에 살던 어떤 인간도 그들의 죄에 대한 책임을 회피할 수는 없었다. 그 증거가 바로 사망이었다. 그 기간 중에 죄를 지은 사람들은 모두 사망에 이르렀기 때문이다. 물론 이 사망은 아담에게서 시작되었고, 그리고 전가되어 모든 죄인들도 경험한 것이었다.

그런데 바울 사도는 죄와 사망의 전가보다 훨씬 더 의미 있는 전가를 이루신 분을 소개하고 있다. 그의 말을 인용해보자, "아담은 오실 자의 모형이라" (롬 5:14b). 이 말씀에서 '오실 자'는 두말할 필요도 없이 예수 그리스도이시다. 왜 아담이 예수 그리스도의 모형인가? 그 이유는 아담이 죄와 사망을 모든 인간에게 전가한 것처럼, 예수 그리스도도 용서와 생명을 많은 사람들에게 전가하신 분이기 때문이다.

(5) 마지막 아담

바울 사도는 그처럼 전가의 사역을 이루신 예수 그리스도를 마지막 아담이라고 불렀다. 그가 그렇게 부른 말씀을 직접 인용해보자, "기록된 바 첫 사람 아담은 생령이 되었다 함과 같이, 마지막 아담은 살려주는 영이 되었나니" (고전 15:45). "첫 사람 아담은 생령이 되었다"는 말씀은 창세기 2장 7절을 인용한 것이다, "여호와 하나님이 땅의 흙으로 사람을 지으시고 생기를 그 코에 불어넣으시니 사람이 생령이 되니라."

위의 두 구절에서 '생령'이란 단어가 있는데, 그 뜻은 '살아있는 사람'이다. 다시 말해서, 하나님의 영이 사람 안에 들어갔기에 '살아있는 사람'이 되었다. 히브리 성경에서 '생령'을 '하야 네페쉬'נפש חיה 라고 하였는데, 직역하면 '살아있는 사람'이다. 그런데 불행하게도 첫 아담이 불순종하므로 그 안에 있던 하나님의 영이 그를 떠났고, 그 결과 아담은 영적으로 죽은 자가 되었다. 그리고 그 죽음은 모든 사람에게 전가되었던 것이다.

이 세상에 태어나는 모든 인간은 영적으로 죽었으며, 그렇게 죽은 인간들의 대열은 끝없이 길어졌다. 죽은 자들이 죽은 자들을 낳고, 또 그들이 다시 죽은 자들을 낳는다. 그런 죽은 자들의 대열을 누가 중단시키겠는가? 만일 중단시킬 수 있는 분이 있다면, 그분이야 말로 마지막 아담이다. 아담의 후손을 중단시키신 분이기 때문이다. 그런데 그런 분이 역사적으로 나타나셨는데, 바로 예수 그리스도였다.

그런데 예수 그리스도는 그 죽음의 대열을 어떻게 중단시키셨는가? 몇 가지 단계를 통해서 중단시키셨는데, 첫째, 그분이 스스로 아담의 후손이 되시기 위하여 인간으로 이 세상에 태어나셨다. 둘째, 그분은 다른 모든 아담의 후손처럼 똑같이 인생의 희로애락을 경험하셨다. 셋째, 그분은 십자가의 죽음을 맛보셨다. 넷째, 그분은 죽은 후 삼일 만에 다시 살아나셨다. 이런 네 단계를 거쳐서 예수 그리스도는 아담의 대열을 끝내신 마지막 아담이 되셨다.

(6) 원죄의 폐기

바울 사도는 로마서에서 이렇게 선포한 적이 있다, "곧 우리가 원수 되었을 때에 그의 아들의 죽으심으로 말미암아 하나님과 화목하게 되었은즉, 화목하게 된 자로서는 더욱 그의 살아나심으로 말미암아 구원을 받을 것이니라" (롬 5:10). 이 말씀에 의하면, 예수 그리스도가 십자가에서 죽으신 것은 두 가지 목적을 위한 것이었다. 첫째는 '내'가 하나님과 화목하게 하기 위함이었다.

물론 하나님과 화목하기 위해서는 하나님과 '나' 사이를 가로막은 죄들의 문제가 해결되어야 한다. 이사야 선지자는 이렇게 선포한 바 있었다, "오직 너희 죄악이 너희와 너희 하나님 사이를 갈라 놓았고…" (사 59:2). 그런데 예수 그리스도가 십자가에서 피를 흘리시고 죽으심으로 '나'의 모든 죄가 씻기어졌다. 바울 사도의 선언을 보자, "우리는 그리스도 안에서 그의 은혜의 풍성함을 따라 그의 피로 말미암아 속량 곧 죄 사함을 받았느니라" (엡 1:7).

예수 그리스도가 십자가에서 죽으신 두 번째 목적은 '나'로 하여금 현재의 삶에서 구원을 받게 하기 위함이었다. 이미 위에선 언급한 것처럼, 현재의 구원은 성결의 경험이다. 그런데 성결의 경험을 못하게 하는 깊고도 깊은 방해물이 있는데, 그것은 '원죄'이다. 원죄가 '내' 속에 자리하는 것을 죄성이라고 언급한 바 있다. 그 죄성이 '나'로 하여금 각양각색의 죄를 범하게 한다.

그런데 바울 사도가 언급한 대로, '원죄'가 예수 그리스도의 구속적 죽음과 부활로 해결되었던 것이다. 다시 그의 말을 인용해보자, "더욱 그의 살아나심으로 말미암아 구원을 받을 것이니라" (롬 5:10b). 이 말씀에서 '구원을 받을 것이니라'는 성결의 경험을 뜻하는 구원이며, '더욱 그의 살아나심으로'는 예수 그리스도가 '나'의 원죄를 위해서도 십자가에서 죽으셨다가 부활하셨다는 뜻이다.

지금까지 '나'는 예수 그리스도가 십자가에서 피를 흘리며 죽으신 것은 '내'가 지금까지 지은 모든 죄들을 위함이었음을 믿었다. 그리고 그 믿음은 조금도 잘못이 없는 고귀한 믿음이다. 그런데 그 믿음은 십자가의 효능을 반밖에 받아들이지 않는 반 조각 믿음이었다. 예수 그리스도가 십자가에서 죽으셨을 때, '나'의 모든 죄들은 물론 '나'의 원죄까지도 폐기하셨던 것이다.

이처럼 중요한 기독교의 진리를 도해해보자:

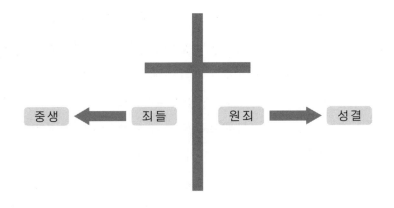

중생 ← 죄들 | 원죄 → 성결

(7) 전가

이처럼 '나'의 자범죄와 원죄를 십자가에서 해결해주신 예수 그리스도의 엄청난 은혜를 바울 사도는 전가로 설명했다. 한마디로 말해서, 아담 한 사람이 불순종하여 모든 사람이 죄인이 된 것처럼, 예수 그리스도의 순종은 모든 믿는 자들이 의인義人이 되었다는 것이다. 그러니까 전가의 원리는 첫 아담의 후손에게 적용되었을 뿐 아니라, 마지막 아담을 믿는 자들에게도 적용된다.

어쩌면 성경 전체에서 이 부분, 곧 로마서 5장 15~19절에서처럼 첫 아담과 마지막 아담의 전가를 대조적으로 그리고 선명하게 설명한 곳은 없을 것이다. 먼저, 15절에 내포된 전가를 보자, "…한 사람의 범죄를 인하여 많은 사람이 죽었은즉…한 사람 예수 그리스도의 은혜로 말미암은 선물은 많은 사람에게 넘쳤느니라." 아담의 범죄 때문에 모든 사람이 죽었지만, 마지막 아담의 은혜로 많은 사람에게 주어진 선물은 죽음보다도 훨씬 큰 생명이다.

둘째, 16절에 제시된 전가를 보자, "…한 사람으로 말미암아 정죄에 이르렀으나, 은사는…[한 사람으로] 말미암아 의롭다 하심에 이름이니라." 이 대조에 의하면, 한 사람, 곧 첫 아담 때문에 모든 사람이 죄인이 되어 정죄를 당한 반면, 또 한 사람, 곧 마지막 아담 때문에 많은 사람이 죄의 굴레에서 벗어나서 의인이 되었다. 이처럼 분명한 전가를 어디에서 찾겠는가?

셋째, 17절에서는 전가의 내용이 사망과 생명인데, 그 구절을 보자, "…사망이 그 한 사람을 통하여 왕 노릇 하였은즉,…한 분 예수 그리스도를 통하여 생명 안에서 왕 노릇하리로다." 그렇다! 첫 아담으로 인하여 사망이 모든 사람에게 전가되어 죽음을 피할 수 없게 된 것처럼, 마지막 아담으로 인하여 생명이 모든 믿는 자에게 전가되어 영원한 생명을 누리게 되었다.

넷째, 19절에 제시된 전가는 다시 한번 죄인과 의인에게 적용된다. 다시 말하면, 한 사람 때문에 많은 사람이 죄인이 된 것처럼, 또 한 사람 때문에 많은 사람이 의인이 되었다. 그런데 이 대조에서는 죄인과 의인이 된 원인을 제시한다. "한 사람이 순종하지 아니함으로 많은 사람이 죄인 된 것 같이, 한 사람이 순종하심으로 많은 사람이 의인이 되리라." 첫 아담은 순종하지 않음으로 모든 사람이 죄인이 된 반면, 마지막 아담은 순종하심으로 많은 사람이 의인이 되었다.

바울 사도는 이런 여러 측면의 전가를 죽음과 생명으로 묶어서 이렇게 묘사했다, "아담 안에서 모든 사람이 죽은 것 같이, 그리스도 안에서 모든 사람이 삶을 얻으리라" (고전 15:22). 두말할 필요도 없이 믿는 모든 사람이 영생을 얻게 된 것은 예수 그리스도가 십자가에서 피를 흘리고 죽으셨다가 다시 살아나셨기 때문이다. 그 십자가에서 '나'의 모든 죄들과 원죄의 문제가 해결되었던 것이다.

5) 성화의 둘째 단계: 자아의 해결 (6:1-23)

예수 그리스도가 십자가에서 피를 흘리며 죽으셨을 때, '내'가 지은 모든 죄들, 곧 '나'의 모든 죄과가 씻기어졌다. 이런 사실을 시편 기자는 이렇게 묘사했다, "동이 서에서 먼 것 같이 우리의 죄과를 우리에게서 멀리 옮기셨다" (시 103:12). 그런데 십자가 위에서의 구속적 죽음의 효과는 '내'가 지은 구체적인 자범죄들만이 아니라, '나'의 원죄도 해결하기 위해서였다는 것이다.

그렇다면 원죄를 품고 있던 '나' 자신, 곧 자아의 문제는 어떻게 되었는가? 자아만큼 성화의 경험을 방해하는 것은 별로 없을 것이다. 바울 사도는 다시 십자가의 효능을 상기시키면서, 자아의 문제도 십자가에서 죽으신 예수 그리스도로 말미암아 해결되었다고 선언하였다. 그런데 원죄의 해결과는 다르게 접근하는데, 원죄는 예수 그리스도가 십자가에서 죽으시면서 해결되었지만, 자아의 문제는 '내'가 죽었다는 죽음의 원리로 풀어나갔다.

(1) 죽음

"그런즉 우리가 무슨 말을 하리요. 은혜를 더하게 하려고 죄에 거하겠느냐? 그럴 수 없느니라! 죄에 대하여 죽은 우리가 어찌 그 가운데 더 살리요?" (6:1-2).

바울 사도는 예수 그리스도가 십자가에서 죽으실 때 '나'라는 자아도 죽었다고 선언했다. 그의 선언을 직접 들어보자, "죄에 대하여 죽은 우리가 어찌 그 가운데 더 살리요?" (롬 6:2). 이 선언에 의하면, 우리 곧 자아가 죄에 대하여 죽었다는 것이다. 이 선언은 신앙생활에서 크나큰 전환점이 되는 중요한 선언이다. 지금까지는 예수님이 '나'의 죄들을 위하여 죽으셨는데, '내'가 죽었다는 선언이다.

이런 선언은 바울 사도만 한 것이 아니다! 베드로 사도도 같은 선언을 한 적이 있었다, "친히 나무에 달려 그 몸으로 우리 죄를 담당하셨으니, 이는 우리로 죄에 대하여 죽고 의에 대하여 살게 하려 하심이라. 그가 채찍에 맞음으로 너희는 나음을 얻었나니" (벧전 2:24). 이 말씀의 뜻은 너무나 분명하다. 예수 그리스도가 십자가에서 '나'의 죄를 대신 짊어지고 죽으셨을 때, '나'라는 자아도 죄에 대하여 죽었다는 것이다.

바울 사도는 예수님의 죽음이 '나'의 죽음이라는 사실을 다른 곳에서 이렇게 묘사했다, "내가 그리스도와 함께 십자가에 못 박혔나니, 그런즉 이제는 내가 사는 것이 아니요 오직 내 안에 그리스도께서 사시는 것이라. 이제 내가 육체 가운데 사는 것은 나를 사랑하사 나를 위하여 자기 자신을 버리신 하나님의 아들을 믿는 믿음 안에서 사는 것이라" (갈 2:20). 이 말씀에 의하면, 그리스도가 십자가에서 죽으실 때 '나'도 죽었다는 것이다.

예수님의 죽음이 곧 '나'의 죽음이라는 사실을 좀 더 설명해보자. 하나님 앞에서 '나'는 죄인 중에 괴수이다 (딤전 1:15). 그러니 십자가에서 마땅히 처형을 받아 죽어야 될 사람은 바로 '나'였다. 그런데 '나' 대신 예수 그리스도가 십자가에서 그렇게 처절한 죽음을 당하셨다. 그렇다! 그분의 죽음은 '나'의 죽음이고, '나'의 죽음은 곧 그분의 죽음이다. 이런 놀라운 진리를 좀 더 알아보자.

(2) 동일시 identification

예수 그리스도가 십자가에서 죽으실 때 '나'라는 자아도 함께 죽었다. 흠 없는 분이 십자가에서 죽으실 때, 죄인 중의 괴수처럼 처형을 받으셨다. 죄인이 되어 십자가에서 죽으신 그분은 '나'와 같은 죄인이었다. 반복하면, 십자가에 달리신 예수 그리스도는 바로 '나'였고, '나'는 바로 예수 그리스도였다. 그분이 그렇게 십자가에 달려서 죽으실 때, 그분과 '나'라는 두 인격체가 하나가 되는 순간이었다. 이렇게 하나가 된 사실을 동일시同一視라고 한다.

예수님도 이런 동일시를 통하여 구원론과 성화론을 깊이 가르치신 적이 있었다. 그것은 모세 오경의 전문가인 니고데모에게 복음을 전하실 때였다. 그분은 모세 오경의 내용을 인용하시면서 동일시의 원리를 이렇게 말씀하셨다, "모세가 광야에서 뱀을 든 것 같이 인자도 들려야 하리니"(요 3:14). 이 말씀에서 인자이신 예수 그리스도는 뱀이었고, 뱀은 바로 인자이신 예수 그리스도였다.

모세가 광야에서 뱀을 든 사건은 민수기 21장 4~9절에 기록되어 있다. 이스라엘 백성이 사막이라는 험로를 지나면서 하나님과 모세를 원망하자, 하나님은 불뱀으로 그들을 심판하셨다. 그 결과 그들은 출애굽 이후 처음으로 그들의 잘못을 시인하면서 용서를 구했고, 그들의 부르짖음을 들으신 하나님은 모세에게 불뱀을 만들어 장대에 높이 달라고 하셨다. 뱀에게 물린 자마다 그 불뱀을 쳐다보면 살리라고 약속하셨다.

이스라엘 백성은 그렇게 용서를 받았는데, 용서만 받은 것이 아니었다. 그들은 지금까지의 패배의 삶에서 승리의 삶으로 바뀌었다. 그들은 암몬의 왕인 시혼을 죽였고, 또 바산 왕인 옥도 죽였다.

그뿐 아니었다! 이스라엘 백성이 알지도 못하는 사이에 하나님은 발람을 통하여 발락의 멸망과 이스라엘의 승리를 예언하게 하셨다. 그들은 다른 차원의 신앙으로 들어갔는데, 곧 패배의 연속에서 승리의 연속으로 바뀌었다.

그런데 예수 그리스도는 이 사건을 인용하시면서 본인을 뱀에 비유하셨다. 당신이 바로 뱀이고, 뱀이 예수 그리스도라는 것이다. 그런데 조금만 그 내용을 들여다보면 이런 동일시의 원리를 이해할 수 있다. 원래 심판을 받아 죽어야 될 작자는 뱀이었다. 왜냐하면 아담과 하와를 유혹한 작자가 뱀이었기 때문이다. 그래서 하나님은 불뱀을 만들어 장대에 달라고 하셨다.

예수 그리스도가 "모세가 광야에서 뱀을 든 것 같이 인자도 들려야 하리니"라고 하신 것은 당신이 죄의 근원인 뱀이라는 말씀이었다. 그리고 죄의 근원이기에 '들리지' 않으면 안 된다는, 다시 말해서, 십자가에서 죽지 않으시면 안 된다는 것이다. 원래는 십자가에서 죽어야 될 작자는 다른 이가 아닌 '나'였다. 여기에서 삼중적인 동일시가 일어나는데, 곧 예수님과 뱀, 그리고 '나'이다. '나'는 뱀이고 뱀은 예수님이고, 예수님은 '나'이다.

이런 동일시의 원리는 성화의 과정에서 너무나 중요한 진리를 가르쳐준다. 이스라엘 백성이 광야에서 장대에 높이 달린 놋뱀을 바라볼 때 그들은 심판받은 뱀을 보았고, 그 뱀이 자신들 때문이라는 것을 알았다. 왜냐하면 그들이 죄를 범했기 때문이다. 이런 동일시라는 깨달음을 통하여 그들이 패배에서 승리의 삶으로 옮겨간 것처럼, '나'도 이런 동일시라는 중요한 깨달음을 통하여 승리의 삶, 곧 성화의 삶으로 옮겨진다.

(3) 연합

그렇다면 어떻게 '내'가 그리스도 예수가 죽으실 때 죽었고, 또 '나'는 십자가에서 죽으신 예수 그리스도이고, 그분은 '나'일 수 있는가? 그 비밀은 연합의 원리에서 찾을 수 있다. 바울 사도가 묘사한 연합을 직접 인용해보자:

> "무릇 그리스도 예수와 합하여 세례를 받은 우리는 그의 죽으심과 합하여 세례를 받은 줄을 알지 못하느냐? 그러므로 우리가 그의 죽으심과 합하여 세례를 받음으로 그와 함께 장사되었나니, 이는 아버지의 영광으로 말미암아 그리스도를 죽은 자 가운데서 살리심과 같이 우리로 또한 새 생명 가운데서 행하게 하려 함이라. 만일 우리가 그의 죽으심과 같은 모양으로 연합한 자가 되었으면, 또한 그의 부활과 같은 모양으로 연합한 자도 되리라" (롬 6:3-5).

바울 사도는 연합을 설명하면서 세례를 실례로 들었다. 바울 사도의 시대에, 세례는 온 몸을 물속에 넣었다가 물 위로 올리는 예식이다. 이런 예식이 역사적으로 가장 잘 묘사된 것은 이스라엘 백성이 홍해를 통과한 사건이다. 그들은 홍해 속으로 들어갔다가 다시 뭍으로 나왔다. 그때 그들을 따라오던 애굽 군인들은 홍해에 빠져 죽었다. 바울 사도는 이런 역사적인 사건을 세례로 해석했다.

"우리 조상들이 다 구름 아래에 있고 바다 가운데로 지나며, 모세에게 속하여 다 구름과 바다에서 세례를 받고" (고전 10:1-2). 그렇다! 이스라엘 백성은 홍해에서 죽음을 경험한 것이다. 그리고 그들을 따르는 애굽 군인들은 거기에 장사되었다. 그러나 이스라엘 백성은 홍해 건너편에 무사히 올라갔다. 이 역사적인 사건을 통하여 세례를 설명할 수 있는데, 세례는 죽음과 장사와 부활을 상징한다.

물속에 잠기는 것은 죽음을 상징하고, 애굽 군인들이 물에 빠져 죽은 것은 장사이며, 이스라엘 백성이 건너편에 이른 것은 부활을 상징한다. 마찬가지로 '내'가 세례를 받을 때 '나'는 예수 그리스도처럼 죽었고, 장사되었고, 그리고 부활하였다. 결국 '내'가 세례를 통하여 그분과 연합된 것이다. 그분이 십자가에서 죽으실 때, '나'도 그분 안에서 함께 죽었다. 그분이 장사되셨을 때, '나'도 그분 안에서 함께 장사되었고, 그분이 부활하셨을 때 그분 안에서 '나'도 함께 부활하였던 것이다.

이렇게 그리스도 예수와 함께 죽고, 함께 장사되고, 함께 부활한 '나'는 더 이상 죄의 몸을 가지고 있지 않다. 그런 까닭에 '나'는 더 이상 죄에 질질 끌려 다니는 죄의 종이 아니다. 바울 사도의 말을 들어보자, "…우리의 옛 사람이 예수와 함께 십자가에 못 박힌 것은 죄의 몸이 죽어 다시는 우리가 죄에게 종 노릇 하지 아니하려 함이니"(롬 6:6). 이런 것은 성결의 사람이 맛보는 경험이다.

(4) '여김'

"이는 죽은 자가 죄에서 벗어나 의롭다 하심을 얻었음이라. 만일 우리가 그리스도와 함께 죽었으면 또한 그와 함께 살 줄을 믿노니, 이는 그리스도께서 죽은 자 가운데서 살아나셨으매, 다시 죽지 아니하시고 사망이 다시 그를 주장하지 못할 줄을 앎이로라. 그가 죽으심은 죄에 대하여 단번에 죽으심이요 그가 살아 계심은 하

나님께 대하여 살아 계심이니, 이와 같이 너희도 너희 자신을 죄
에 대하여는 죽은 자요, 그리스도 예수 안에서 하나님께 대하여는
살아 있는 자로 여길지어다." (6:7-11).

지금까지 설명한 '죽음,' '동일시,' '연합'에 의하면, '나'라는 자아
는 더 이상 존재하지 않는다. 예수 그리스도 안에 있기 때문이다.
이제 하나님은 '나'를 보실 때 직접 보지 않으시고 예수 그리스도를
통하여 보신다. '나'의 신분은 하나님 앞에서 예수 그리스도와 동일
하게 된 것이다. 그런 까닭에 예수님은 '나'를 "형제라 부르시기를
부끄러워하지 아니하시며" (히 2:11), 한발 더 나아가서 '나'는 "그리
스도와 함께 한 상속자"이다 (롬 8:17).

얼마나 놀라운 신분의 상승인가! 이런 신분의 상승에도 불구하고
'나'는 시시때때로 그렇게 느껴지지 않고 또 그렇게 행동하지도 않
는다. 그 이유는 하나님이 보시는 '나'와 '내'가 보는 '나' 사이에 있는
엄청난 괴리 때문이다. 그렇다면 '내'가 보는 '나'는 어떤 사람인가?
끊임없이 유혹을 받으며, 또 어떤 때는 유혹에 넘어가기도 한다. 한
마디로 말해서, 때때로 '나'는 하나님이 보시는 대로 '나'를 볼 수 없
다는 것이다.

바울 사도는 이 괴리를 극복하는 비결을 알려주는데, 바로 '여김'
이다. '여기다'는 동사는 '간주하다,' '인정하다' 등의 뜻을 갖는다.
한마디로 말해서, 바울 사도는 '나'도 하나님이 '나'를 보시는 대로
'인정하라'고 권면한다. 그의 말을 직접 인용해보자, "이와 같이 너
희도 너희 자신을 죄에 대하여는 죽은 자요, 그리스도 예수 안에서
하나님께 대하여는 살아 있는 자로 여길지어다" (롬 6:11).

무엇을 근거로 죄에 대하여는 죽고 하나님에 대하여는 산 자로 여기라는 말인가? 그 근거를 제시하는 표현이 바로 '이와 같이'이다. '이와 같이'의 뜻을 알기 위해서는 그 앞의 구절을 보아야 한다, "그가 죽으심은 죄에 대하여 단번에 죽으심이요, 그가 살아 계심은 하나님께 대하여 살아 계심이니" (롬 6:10). 그렇다! '내'가 죄에 대해 죽은 자요 하나님에 대해 산 자로 여길 수 있는 근거는 예수 그리스도이다.

그분은 죄에 대하여 십자가에서 죽으셨고, 그리고 부활하심으로 하나님에 대하여 살아 계신 분이 되셨다. 그런데 '나'는 세례를 통하여 그분과 연합되었기에, 그분을 '나'의 구세주로 받아들일 때 그분 안에 들어갔다. 그분의 죽음은 '나'의 죽음이고, 그분의 장사는 '나'의 장사이며, 그분의 부활은 '나'의 부활이다. 그분이 죄에 대하여 죽으셨을 때 '나'도 그분 안에서 죽었고, 그분이 부활하셨을 때 '나'도 그분 안에서 부활하였다.

그런 이유 때문에 죄가 그분을 주장하지 못하는 것처럼, 죄가 '나'도 주장하지 못한다. 그뿐 아니라 사망이 그분을 주장하지 못하는 것처럼, 죄의 삯인 사망이 '나'도 주장하지 못한다 (롬 6:9). 다시 말해서, 예수 그리스도의 삶이 '나'의 삶이고, '나'의 삶이 예수 그리스도의 삶이다. 그런 까닭에 '나'는 죄에 대하여 죽은 자로, 그리고 하나님에 대하여는 그리스도 예수 안에서 산 자로 여길 수 있게 된 것이다.

(5) 선택

"그러므로 너희는 죄가 너희 죽을 몸을 지배하지 못하게 하여 몸의 사욕에 순종하지 말고, 또한 너희 지체를 불의의 무기로 죄에게 내주지 말고, 오직 너희 자신을 죽은 자 가운데서 다시 살아난 자 같이 하나님께 드리며, 너희 지체를 의의 무기로 하나님께 드리라. 죄가 너희를 주장하지 못하리니, 이는 너희가 법 아래에 있지 아니하고 은혜 아래에 있음이라. 그런즉 어찌하리요? 우리가 법 아래에 있지 아니하고 은혜 아래에 있으니 죄를 지으리요? 그럴 수 없느니라! 너희 자신을 종으로 내주어 누구에게 순종하든지 그 순종함을 받는 자의 종이 되는 줄을 너희가 알지 못하느냐? 혹은 죄의 종으로 사망에 이르고 혹은 순종의 종으로 의에 이르느니라. 하나님께 감사하리로다! 너희가 본래 죄의 종이더니 너희에게 전하여 준 바 교훈의 본을 마음으로 순종하여, 죄로부터 해방되어 의에게 종이 되었느니라. 너희 육신이 연약하므로 내가 사람의 예대로 말하노니, 전에 너희가 너희 지체를 부정과 불법에 내주어 불법에 이른 것 같이 이제는 너희 지체를 의에게 종으로 내주어 거룩함에 이르라. 너희가 죄의 종이 되었을 때에는 의에 대하여 자유로웠느니라. 너희가 그 때에 무슨 열매를 얻었느냐? 이제는 너희가 그 일을 부끄러워하나니 이는 그 마지막이 사망임이라. 그러나 이제는 너희가 죄로부터 해방되고 하나님께 종이 되어 거룩함에 이르는 열매를 맺었으니, 그 마지막은 영생이라." (6:12-22).

이제부터 '나'는 하나님에 대하여 산 자로 여길 수 있게 된 것이다. 그리고 거기에 걸맞은 삶을 영위할 수 있게 되었으니 얼마나 놀라운 은혜이며 변화인가! 그런데 이런 놀라운 삶은 성화를 경험했기에 자동적으로 일구어지는 것이 아니다. 다시 말해서, '내'가 그리스도 안에서 죽고, 장사되었고, 그리고 부활했기 때문에 자동적으로 거룩한 삶을 영위하게 되는 것은 아니다.

그 이유는 너무나 간단하다! 비록 '내'가 그리스도 예수와 연합되었지만, 그래도 '나'는 인격자이다. 다시 말해서, 하나님으로부터 물려받은 지·정·의를 가진 인격체이다. 그리스도 예수 안에서 '나'는 인격적으로 하나님을 기쁘시게 하는 삶을 영위해야 한다. 그리고 그런 삶을 위하여 매 순간 인격적으로 올바른 선택을 해야 한다. 특히 '나'라는 자아는 하나님의 뜻과 같은 선상에 있어야 한다.

그런 이유 때문에 바울 사도는 로마서 6장 12절에서 19절까지에서 선택의 중요성을 강조했다. 물론 그는 선택이라는 단어는 사용하지 않았지만, 그런 뜻을 가진 단어들을 빈번하게 사용하였다. 예를 들면, '순종하다'가 5번, '내주다'가 4번, '드리다'가 2번씩 사용된다. 결국, 선택의 뜻을 가진 단어가 모두 11번이나 사용되었다. 그렇다면 무엇을 인격적으로 선택하란 말인가?

'나'는 두 가지를 선택할 수 있는데, 하나는 '자아'이고 또 하나는 자아를 이루고 있는 '지체'들이다. 바울 사도의 말을 통해 확인해보자, "또한 너희 지체를 불의의 무기로 죄에게 내주지 말고, 오직 너희 자신을 죽은 자 가운데서 다시 살아난 자 같이 하나님께 드리며 너희 지체를 의의 무기로 하나님께 드리라" (롬 6:13). 이 말씀에서 '지체'가 두 번 나오고, '자신'이 한 번 나온다.

우선, '자신,' 곧 '자아'를 하나님에게 드려야 한다. 왜냐하면 '자신'은 이미 그리스도 예수와 함께 죽었다가 함께 다시 살아났기 때문이다. 이런 부활의 삶은 전적으로 하나님의 은혜와 역사로 가능했으며, 따라서 '자신'은 이미 하나님에게 속한 자이다. 그렇다면 하나님에게 속한 '자신'을 하나님에게 드리지 않을 수 있겠는가? 만일 '자신'을 하나님에게 드리지 않고 죄에게 드린다면, 그 순간 '나'는 죄의 종이 되는 것이다.

'내'가 '자신' 내지 '자아'를 매일 하나님에게 드린다면, 당연히 그 '자신'에게 속한 '지체'도 매일 그리고 매 순간 의의 무기로 하나님에게 드려야 한다. 만일 '나'의 '지체'를 죄의 무기로 부정과 불법에 드리면, 즉시 '나'는 죄의 종이 된다. "너희 자신을 종으로 내주어 누구에게 순종하든지 그 순종함을 받는 자의 종이 되는 줄을 너희가 알지 못하느냐? 혹은 죄의 종으로 사망에 이르고 혹은 순종의 종으로 의에 이르느니라" (롬 6:16).

그런데 "순종의 종으로 의에 이르느니라"는 말씀은 구체적으로 무엇을 뜻하는가? 그것은 성결을 삶의 현장에서 경험한다는 뜻이다. 바울 사도의 설명을 들어보자, "이제는 너희 지체를 의에게 종으로 내주어 거룩함에 이르라" (롬 6:19b). 이 설명에서 '거룩함에 이르라'는 표현을 눈여겨보자. '나'는 그리스도 예수 안에서 죽었고 또 살았다. 그것은 '내'가 이미 거룩하게 되었다는 사실을 강조한다.

그런데 "이제는 너희 지체를 의에게 종으로 내주어 거룩함에 이르라"는 표현은 또다시 거룩하게 된다는 말인가? 그렇지 않다! '나'는 예수 그리스도 안에서 영적으로 이미 거룩해 졌다. 그러나 그것이 경험으로 연결되어야 한다. '내'가 순간마다 지체로 하여금 의를 선택하게 하면 거룩을 경험한다. 이미 영적으로 성결해진 '내'가 경험적으로 성결해진다는 뜻이다. 비로소 영적 성결과 경험적 성결이 하나가 되는 진정한 성결을 경험한다.

6) 성화의 셋째 단계: 율법과 계명의 해결 (7:1-25)

(1) 법의 종류

"형제들아 내가 법 아는 자들에게 말하노니, 너희는 그 법이 사람
이 살 동안만 그를 주관하는 줄 알지 못하느냐?" (7:1).

법에는 여러 가지가 있는데, 그중에는 로마서 1장과 2장에 제시
된 자연의 법과 양심의 법이 있다. 뿐만 아니라 로마서 3장에 제시
된 율법도 있다. 이 율법은 두말할 필요도 없이 하나님이 모세를 통
하여 유대인들에게 주신 법이다. 그런가 하면 관습의 법과 사회의
법도 있다. 상대적인 법과 절대적인 법도 있다. 한발 더 나아가서
신앙인을 지배하는 신앙의 법과 교회를 다스리는 교회의 법도 있다.
그 외에도 불문율不文律을 비롯해서 헤아릴 수 없을 만큼 법의 종류
가 많다. 그러면 왜 이렇게 법이 많은가? 그 이유는 간단하다! 사람
들로 하여금 법의 테두리 밖으로 나가지 못하도록 묶어놓기 위한 것
이다. 다시 말해서, 법의 테두리 안에 있어야 정상적인 삶을 영위할
수 있기 때문이다. 인간은 횡적으로 다른 사람들과 관계를 맺으며
살아야 하기에 그 관계를 적절히 유지하기 위하여 각종의 법이 필요
하게 된다.
그러나 그 관계는 인간 사이의 관계만이 아니다. 종적으로 하나
님과 관계를 맺으며 살아야 하므로 여러 가지 법이 편입編入되었는
데, 곧 율법과 신앙인의 법과 교회법 등이 있다. 한마디로 말해서,
인간은 법의 테두리를 벗어날 수 없는 존재이다. 그런데 인간을 둘

러싸고 있는 각종의 법은 그 인간에게 자유를 제공하나, 동시에 자유를 억압하고 또 제한시킬 수 있다. 이 단계의 성화에서 법은 매우 중요한데, 그 이유는 사람이 법을 잘 이해하고 또 잘 지켜야 성결의 경험을 할 수 있기 때문이다.

바울 사도는 성화의 세 번째 단계에서 법을 소개하면서 이렇게 시작한다, "형제들아, 내가 법 아는 자들에게 말하노니, 너희는 그 법이 사람이 살 동안만 그를 주관하는 줄 알지 못하느냐?" (롬 7:1). 이 말씀에서 법은 물론 모세의 율법이 아니다. 이 법은 자연의 법일 수도 있고, 양심의 법일 수도 있고, 관습의 법일 수도 있고, 절대적인 법일 수도 있고, 또 신앙의 법일 수도 있다.

이처럼 여러 가지 법 중에서 바울 사도는 신앙의 법에 무게를 둔 것 같다. 그 이유가 크게 두 가지인데, 첫째 이유는 로마서 6장에서 선택의 중요성을 강조했기 때문이다. '나'의 자아와 지체를 하나님에게 드린다는 것은 두말할 필요도 없이 신앙의 법을 의미하기 때문이다. 둘째 이유는 바울 사도가 성화의 과정을 다루고 있기 때문이다. 성화의 과정을 다루는 것은 두말할 필요도 없이 신앙에 관한 것이기 때문이다.

(2) 남편과 아내

"남편 있는 여인이 그 남편 생전에는 법으로 그에게 매인 바 되나, 만일 그 남편이 죽으면 남편의 법에서 벗어나느니라. 그러므로 만일 그 남편 생전에 다른 남자에게 가면 음녀라. 그러나 만일 남편이 죽으면 그 법에서 자유롭게 되나니, 다른 남자에게 갈지라도 음녀가 되지 아니하느니라."(7:2-3).

신앙의 법에 의하면, 아내는 남편과 헤어질 수 없다. 왜냐하면 아내는 남편에게 매여 있기 때문이다. 남편이 아무리 엄격해도 아내는 그 남편을 버리고 다른 남자에게 갈 수 없다. 다른 남자가 아무리 호감이 간다손 치더라도 안 된다. 왜냐하면 그 아내는 신앙의 법에 의하여 남편에게 매여 있기 때문이고, 또 그 법을 깨뜨릴 수 없기 때문이다. 얼마나 신앙의 법이 엄한가?

그런데 그 남편으로부터 해방될 수 있는 방법이 아주 없지는 않다. 그것은 남편이 죽으면 된다. 바울 사도의 제안이다, "남편 있는 여인이 그 남편 생전에는 법으로 그에게 매인 바 되나, 만일 그 남편이 죽으면 남편의 법에서 벗어나느니라"(롬 7:2). 그러나 그 남편은 너무나 절제 있는 삶을 영위하기에 누구 못지않게 건강하다. 오히려 아내가 남편만큼 건강하지 않다. 아내 편에서는 얼마나 큰 불행인가!

그런 이유 때문에 아내가 남편이 버젓이 살아있는데도 다른 남자에게 가면 그 아내는 당장 신앙의 법을 깨뜨리는 것이 된다. 그 신앙의 법에 따르면, 그 아내는 음녀, 곧 간음을 행한 죄인이 된다. 바울 사도의 정죄를 들어보자, "그러므로 만일 그 남편 생전에 다른 남자에게 가면 음녀라"(롬 7:3a). 그러나 이미 언급한 대로, 남편이 죽으면 다른 남자에게 가도 음녀가 되지 않는다.

바울 사도가 덧붙인 말을 보자, "그러나 만일 남편이 죽으면 그 법에서 자유롭게 되나니 다른 남자에게 갈지라도 음녀가 되지 아니하느니라"(롬 7:3). 그렇다! 그 아내는 신앙의 법에서 해방된 것이다.

그녀는 다른 남자에게 갈 수 있는 자격과 특권을 갖게 된 것이다. 그런데 그 남편은 결코 아내보다 먼저 죽지 않는데도 그 남편으로부터 해방될 수 있는 방법이 또 있는데, 그것은 아내가 죽는 것이다.

만일 아내가 죽었다가 다시 살 수 있다면 되는 것이다. 바울 사도는 인간적으로 상상할 수도 없는 그런 일이 실제로 일어났다는 것이다. 물론 여기에서 아내는 예수 그리스도를 그녀의 구세주로 받아들인 신앙인을 가리킨다. 그 아내는 예수 그리스도와 연합하여 함께 죽고, 함께 장사 되고, 그리고 함께 부활한 것이다. 이제 그 아내는 그녀를 묶고 있던 법에서 해방되어 새로운 남편인 예수 그리스도와 하나가 된 것이다.

(3) 율법

"그러므로 내 형제들아 너희도 그리스도의 몸으로 말미암아 율법에 대하여 죽임을 당하였으니, 이는 다른 이 곧 죽은 자 가운데서 살아나신 이에게 가서 우리가 하나님을 위하여 열매를 맺게 하려 함이라. 우리가 육신에 있을 때에는 율법으로 말미암는 죄의 정욕이 우리 지체 중에 역사하여 우리로 사망을 위하여 열매를 맺게 하였더니, 이제는 우리가 얽매였던 것에 대하여 죽었으므로 율법에서 벗어났으니, 이러므로 우리가 영의 새로운 것으로 섬길 것이요 율법 조문의 묵은 것으로 아니할지니라. 그런즉 우리가 무슨 말을 하리요? 율법이 죄냐? 그럴 수 없느니라! 율법으로 말미암지 않고는 내가 죄를 알지 못하였으니, 곧 율법이 탐내지 말라 하지 아니하였더라면 내가 탐심을 알지 못하였으리라." (7:4-7).

그런데 그처럼 엄한 남편은 다름 아닌 율법이었다. 그렇다면 왜 율법이 주어졌는가? 율법이 주어진 것은 죄 때문이었다. 아담의 후손인 인간은 각가지 죄를 범하면서 살았다. 가인은 살인을 주저하지 않았다. "사람의 죄악이 세상에 가득함과 그의 마음으로 생각하는 모든 계획이 항상 악할 뿐"이었다 (창 6:5). 하나님의 경고에도 불구하고 인간은 바벨탑을 쌓는 등 이루 말할 수 없이 악했다.

하나님의 은혜로 출애굽을 경험한 유대인들조차도 아무렇게나 살면서 여러 가지의 죄들을 범했다. 그들은 금송아지 우상을 만들었고, 하나님과 모세에게 주저하지 않고 원망했다.

하나님은 그런 유대인들에게 더 이상 죄를 짓지 말라면서 모세를 통하여 율법을 주셨다. 그런데 유대인들은 그 율법을 지키기는커녕 끊임없이 깨뜨렸다. 결국 그들은 원래대로 죄도 짓고 또 율법도 어기었다. 한 마디로 율법은 그들의 죄를 더하게 한 꼴이 되었다.

그렇지 않다면 바울 사도는 이렇게 말하지 않았을 것이다, "율법이 들어온 것은 범죄를 더하게 하려 함이라" (롬 5:19a). 결국, 죄를 범하지 말라고 주어진 율법 때문에 유대인들은 더욱 큰 죄인이 된 것이다. 그리고 그들의 죄는 그들을 사망으로 인도하였다. 바울 사도의 말대로이다, "우리가 육신에 있을 때에는 율법으로 말미암는 죄의 정욕이 우리 지체 중에 역사하여 우리로 사망을 위하여 열매를 맺게 하였더니" (롬 7:5).

유대인들과 함께 살게 된 율법은 더 이상 은혜로운 남편이 아니라, 그들을 옥죄는 가혹한 남편이었다. 위에선 언급한 것처럼, 그들이 해방되기 위하여 남편인 율법이 죽든지, 아니면 그들이 죽어야 했다. 그런데 율법이 죽는다는 것은 상상도 할 수 없는 일이다.

율법은 엄한 남편이 되어 그들을 짓눌렀다. 율법에서 해방되는 것은 그들이 죽는 방법 밖에는 없었다. 그런데 바로 그런 역사가 일어났던 것이다.

바울 사도의 증언을 들어보자, "그러므로 내 형제들아 너희도 그리스도의 몸으로 말미암아 율법에 대하여 죽임을 당하였으니, 이는 다른 이 곧 죽은 자 가운데서 살아나신 이에게 가서 우리가 하나님을 위하여 열매를 맺게 하려 함이라" (롬 7:4). 그리스도 예수가 율법의 저주를 받아 십자가에서 율법에 대하여 죽임을 당하셨을 때, 그들도 그분 안에서 함께 죽임을 당했던 것이다.

물론 죽음으로 끝나지 않았다! 그분이 죽은 자 가운데서 다시 사셨을 때 그들도 함께 살아난 것이다. 그러므로 그들은 더 이상 율법에 매여 살지 않고, 성령의 도우심을 받아 살게 된 것이다. 바울 사도의 말이다, "이제는 우리가 얽매였던 것에 대하여 죽었으므로 율법에서 벗어났으니, 이러므로 우리가 영의 새로운 것으로 섬길 것이요 율법 조문의 묵은 것으로 아니할지니라" (롬 7:6).

(4) 계명

"그러나 죄가 기회를 타서 계명으로 말미암아 내 속에서 온갖 탐심을 이루었나니, 이는 율법이 없으면 죄가 죽은 것임이라. 전에 율법을 깨닫지 못했을 때에는 내가 살았더니, 계명이 이르매 죄는 살아나고 나는 죽었도다. 생명에 이르게 할 그 계명이 내게 대하여 도리어 사망에 이르게 하는 것이 되었도다. 죄가 기회를 타서 계명으로 말미암아 나를 속이고 그것으로 나를 죽였는지라." (7:8-11).

'내'가 율법에 대하여 죽었다는 사실은 나의 신앙이 새로운 차원으로 도약하기에 충분했다는 것이다. 한발 더 나아가서 '내'가 그리스도 예수와 함께 다시 살아났으므로, '나'는 더 이상 율법에 매여 살 필요가 없게 된 것이다. 오히려 부활하신 예수 그리스도와 하나가 되어 성령의 인도하심을 받으며 살 수 있게 되었다. 얼마나 놀라운 깨달음이며 또 경험인가! 이제부터는 승리의 삶만을 기대해도 좋지 않을까?

그런데 바울 사도는 이 시점에서 계명을 소개하기 시작했다. 계명의 소개와 더불어 바울 사도는 죄와 죽음을 다시 언급하기 시작했다. 그의 말을 직접 인용해보자, "계명이 이르매 죄는 살아나고 나는 죽었도다" (롬 7:9b). 바울 사도는 구체적으로 탐심의 문제를 거론하면서 율법과 계명을 언급했다. 물론 '탐내지 말라'는 금령은 십계명 중 마지막 계명이지만 (출 20:17), 크게 보면 율법의 일부이다.

'탐내지 말라'가 율법의 일부라는 사실을 증명이라도 하듯, 바울 사도는 이렇게 말했다, "그런즉 우리가 무슨 말을 하리요? 율법이 죄냐? 그럴 수 없느니라; 율법으로 말미암지 않고는 내가 죄를 알지 못하였으니, 곧 율법이 탐내지 말라 하지 아니하였더라면 내가 탐심을 알지 못하였으리라" (롬 7:7). 이 말씀에 의하면, 바울 사도를 비롯한 모든 유대인들은 '탐내지 말라'는 율법 때문에 탐심이 곧 죄라는 사실을 알고 있었다.

그러나 이처럼 율법에 의하여 '탐심'이 죄라는 것을 아는 것과 실제로 바울 사도에게 탐심이 있다는 것을 경험적으로 아는 것은 다른 것이다. 바울 사도의 마음속에 탐심이 있다는 것을 알려주었을 뿐 아니라, 그로 하여금 괴로워하게 한 것은 율법이 아니라 계명이었다. 그의 고백을 직접 들어보자, "그러나 죄가 기회를 타서 계명으로 말미암아 내 속에서 온갖 탐심을 이루었나니, 이는 율법이 없으면 죄가 죽은 것임이라" (롬 7:8).

그렇다! 비록 '탐내지 말라'는 율법이 존재해도, 그 율법 때문에 죄가 드러난 것은 아니었다. 그런데 그에게 '탐내지 말라'는 율법이 깨달아지면서 칼날처럼 그의 마음을 찔렀다. 그때 바울 사도는 엄청난 죄의식에 사로잡혀서 괴로워하기 시작했다. 지금까지 율법의 조문條文이었던 말씀이 그에게 적용되면서 그는 그 죄의 값으로 죽은 자처럼 되었다. 그 율법의 말씀이 계명이 되었던 것이다.

그의 고백을 더 들어보자, "전에 율법을 깨닫지 못했을 때에는 내가 살았더니, 계명이 이르매 죄는 살아나고 나는 죽었도다" (롬 7:9). 이것이 율법과 계명의 차이이다. 율법은 객관적인 명령과 금령이나, 계명은 경험적으로 깨닫고 적용된 주관적인 명령과 금령이다. 그러니까 바울 사도가 로마서 7장에서 언급한 계명은 출애굽기 20장에 기록된 10계명과는 다르다. 10계명도 역시 객관적인 명령과 금령인 객관적인 율법이기 때문이다.

이런 계명을 로마서 6장과 연관시키면 그 뜻이 더욱 분명해진다. 6장의 성화론에 의하면, '내'가 그리스도 예수와 연합하여 함께 죽었다가 함께 다시 살아났다. 그런 까닭에 '나'는 "죄에 대하여는 죽은 자요 그리스도 예수 안에서 하나님께 대하여는 살아있는 자로 여기면서," 자아와 지체를 의의 무기로 하나님에게 드려야 한다. 그리고 바울 사도만큼 철저하게 자아와 지체를 하나님에게 드린 사람은 찾아보기 쉽지 않을 것이다.

예를 들면, 바울 사도는 입술이라는 지체를 죄의 종으로 드려 남을 비난하고 헐뜯었겠는가? 물론 아니다! 그는 입술이라는 지체를 의의 무기로 하나님에게 드려서 불신자들에게는 복음을 전하고, 그리고 신자들에게는 말씀을 가르쳤다. 그는 "너희 지체를 의에게 종으로 내주어 거룩함에 이르라"는 그 자신의 가르침대로 입술이라는 지체를 의의 종으로 드려 거룩함, 곧 성결에 이르려고 애쓴 사람이었다 (롬 6:19).

바울 사도가 하나님의 이름을 망령되게 불렀을 리가 없으며, 안식일을 범했을 리가 없다. 그가 살인이나 간음을 했을 리도 없다. 그는 도적질도 하지 않고, 거짓 증언도 하지 않은, 그래서 누구 못지않게 거룩함에 이르려고 했을 것이다. 그런데 그가 진정으로 거룩함에 이르기 위하여 건너야 할 강 하나가 그를 가로막고 있었다. 그것은 다른 어떤 사람도 알 수 없고, 오로지 자신과 하나님만이 아시는 죄였다.

그 죄는 다른 것이 아닌 '탐심'이었다. 10계명 중 다른 어떤 계명이라도 어기면 겉으로 드러나게 된다. 그러나 탐심은 절대로 드러나지 않는다. 비록 바울 사도가 9가지 계명을 잘 지켰다손 치더라도 마지막 계명인 '탐심'의 죄를 품고 있다면, 앞의 9가지 계명도 모두 깨뜨린 것과 같다. 그런데 불행하게도 바울 사도는 '탐내지 말라'는 계명이 그에게 적용되자, 그는 죽을 수밖에 없는 죄인으로 판명되었다.

그의 고백을 더 들어보자, "생명에 이르게 할 그 계명이 내게 대하여 도리어 사망에 이르게 하는 것이 되었도다. 죄가 기회를 타서 계명으로 말미암아 나를 속이고 그것으로 나를 죽였는지라" (롬 7:10-11). 그렇다! 바울 사도는 분명히 그리스도 예수 안에서 율법에 대하여 죽었고, 다시 살아났고, 그래서 새 생명 가운데 살 수 있었다. 그런데 그의 경험은 그것과는 정반대였다.

바울 사도처럼 영적으로 깊은 사람이 어떤 '탐심'을 갖게 되었는지 궁금하지 않을 수 없다. 그는 어떤 탐심 때문에 괴로워하는지 밝히지 않았다. 그러나 그의 탐심이 무엇인지 힌트를 얻을 수 있는 가르침이 있다. 그 가르침은 고린도교회에게 보내는 첫 번째 편지에 들어있다. 이스라엘 백성이 출애굽 후에 저지른 죄악을 상기시키면서, 고린도교인들은 그들처럼 잘못을 저지르지 말자고 한 가르침이다. 그의 가르침을 직접 인용해보자.

"그들 가운데 어떤 사람들과 같이 너희는 우상 숭배하는 자가 되지 말라. 기록된 바 백성이 앉아서 먹고 마시며 일어나서 뛰논다 함과 같으니라.
그들 중의 어떤 사람들이 음행하다가 하루에 이만 삼천 명이 죽었나니, 우리는 그들과 같이 음행하지 말자.
그들 가운데 어떤 사람들이 주를 시험하다가 뱀에게 멸망하였나니, 우리는 그들과 같이 시험하지 말자.
그들 가운데 어떤 사람들이 원망하다가 멸망시키는 자에게 멸망하였나니, 너희는 그들과 같이 원망하지 말라" (고전 10:7-10).

바울 사도는 이 가르침에서 4가지 죄악을 지적했는데, 곧 우상숭배, 음행, 주를 시험, 원망이다. 그런데 흥미롭게도 2가지는 "너희"라고 하면서 자신을 포함시키지 않았으나, 나머지 2가지는 "우리"라고 하면서 자신을 포함시켰다. 자신을 포함시키지 않은 죄는 우상숭배와 원망이었다. 바울 사도는 회심 이후 이런 우상숭배와 원망의 죄는 결코 범하지 않았다. 그러나 음행과 주를 시험하는 죄에는 자신을 포함시켰다.

결혼하지 않은 바울 사도가 수많은 여자들을 만나고, 가르치면서 탐심을 품은 적이 있었던 것 같다. 그뿐 아니라, 주를 시험하는 일에도 연루된 것 같다. 예를 들면, 그의 몸에서 가시를 제거해달라고 기도했으나 (고후 12:8), 후에는 그런 기도를 어리석은 일이라고 스스로 평가했다 (고후 12:11). 또한 마가를 선교여행에 동행하기를 거부하면서 바나바와 동역하기도 원하지 않았던 일이다 (행 15:38-39). 바울은 훗날 마가를 유익한 동역자로 다시 받아들였다 (딤후 4:11).

(5) 경험에 의한 깨달음

"이로 보건대 율법은 거룩하고 계명도 거룩하고 의로우며 선하도다. 그런즉 선한 것이 내게 사망이 되었느냐? 그럴 수 없느니라! 오직 죄가 죄로 드러나기 위하여 선한 그것으로 말미암아 나를 죽게 만들었으니, 이는 계명으로 말미암아 죄로 심히 죄 되게 하려 함이라. 우리가 율법은 신령한 줄 알거니와 나는 육신에 속하여 죄 아래에 팔렸도다. 내가 행하는 것을 내가 알지 못하노니, 곧 내가 원하는 것은 행하지 아니하고 도리어 미워하는 것을 행함이라. 만일 내가 원하지 아니하는 그것을 행하면 내가 이로써 율법이 선한 것을 시인하노니, 이제는 그것을 행하는 자가 내가 아니요 내 속에 거하는 죄니라. 내 속 곧 내 육신에 선한 것이 거하지 아니하는 줄을 아노니, 원함은 내게 있으나 선을 행하는 것은 없노라. 내가 원하는 바 선은 행하지 아니하고 도리어 원하지 아니하는 바 악을 행하는도다. 만일 내가 원하지 아니하는 그것을 하면 이를 행하는 자는 내가 아니요 내 속에 거하는 죄니라. 그러므로 내가 한 법을 깨달았노니, 곧 선을 행하기 원하는 나에게 악이 함께 있는 것이로다. 내 속사람으로는 하나님의 법을 즐거워하되, 내 지체 속에서 한 다른 법이 내 마음의 법과 싸워 내 지체 속에 있는 죄의 법으로 나를 사로잡는 것을 보는도다.” (7:12–23).

바울 사도는 “이제는 너희 지체를 의에게 종으로 내주어 거룩함에 이르라”고 권면했는데, 도대체 거룩함이란 무엇인가? 왜 바울 사도는 그의 지체를 의에게 드렸건만 거룩함에 이르지 못하고 오히려 탐심의 문제 때문에 괴로워했는가? 그의 고백에 의하면, 거룩함은 외적으로 지체를 의에게 내주는 것도 중요하지만, 그것보다 더 중요한 것이 있다는 것이다. 그것은 바로 내적인 마음의 밭이다.

바울 사도는 ‘탐내지 말라’는 율법이 계명으로 그에게 다가오자, 그의 마음속 깊숙한 곳에 탐심이 있다는 사실을 알게 되었다. 이것은 새로운 차원의 깨달음을 안겨준 경험이었 다. 그렇다면 그 경험을 통하여 바울 사도는 무엇을 깨닫게 되었는가? 다음과 같이 세 가지를 깨닫게 되었다고 그는 고백하였다. 첫째, 율법과 계명이 거룩하고 신령하다는 사실이다. 그의 고백을 직접 들어보자.

“우리가 율법은 신령한 줄 알거니와 나는 육신에 속하여 죄 아래에 팔렸도다” (롬 7:14). 율법에는 아무런 문제도 없다. 문제는 그 율법으로 말미암아 드러난 바울 사도의 ‘탐심’이다. 그에게 탐심을 지적해준 율법은 신령하고 선하다 (롬 7:16). 한발 더 나아가서 그의 탐심을 경험적으로 알려준 계명도 역시 "거룩하고 의로우며 선하다" (롬 7:12). 율법과 계명이 아니라면, 그는 속에 있는 탐심을 인식하지 못했을 것이다. 얼마나 율법과 계명이 고마운가!

바울 사도가 두 번째로 깨달은 것은 그의 육신에 선한 것이 전혀 없다는 사실이다. 그의 고백을 다시 들어보자, "내 속 곧 내 육신에 선한 것이 거하지 아니하는 줄을 아노니, 원함은 내게 있으나 선을 행하는 것은 없노라" (롬 7:18). 이런 깨달음은 성결을 경험하기 위하여 반드시 거쳐야 할 중대한 과정이다. 바울 사도같이 엄청난 그리스도인의 속에 선한 것이 하나도 없다니, 정말 믿기지 않는다.

바울 사도는 원죄의 문제도 예수 그리스도가 십자가에서 죽으실 때 해결되었다고 선언한 바 있다. 그리고 그가 그분과 함께 죽고, 함께 장사되었다가, 함께 살아났다고 선언했다. 그뿐 아니라, 그의 지체를 의의 무기로 하나님에게 드리면서 거룩함에 이르러야 된다는 사실을 알 뿐 아니라, 그대로 행한 신앙인이었다. 그럼에도 불구하고 마음속 깊이에 있는 '탐심'을 통하여 그에게는 선한 것이 하나도 없다는 사실을 고백하기에 이르렀다.

"내 속 곧 내 육신에 선한 것이 거하지 아니하다"는 고백은 인간의 수단과 방법으로는 결코 성결할 수 없다는 뜻이기도 하다. '선하지 않은 곳'에서 어떻게 성결이 나올 수 있단 말인가? 그렇다면 성결의 경험을 위하여 그리스도인이 할 수 있는 일이 있단 말인가? 물론 있다! 그것이 바로 로마서 6장 12절 이하의 가르침이다. 자아와 지체를 끊임없이 주님에게 드려야 한다. 그러면 거룩함에 이른다고 바울 사도는 말했다 (롬 6:19).

그리스도인이 거룩함에 이르고자 최선을 다해서 자아와 지체를 의의 종으로 하나님에게 드려야 한다. 그렇게 드릴 때 하나님이 그리스도인에게 깨우쳐주시는 것이 있는데, 그것은 인간의 방법만으로는 거룩함에 이를 수 없다는 것이다. 왜냐하면 그리스도인의 육신 안에는 선한 것이 없기 때문이다. 그 안에 선한 것이 전혀 없다면 도대체 무엇이 있단 말인가? 그에 대한 대답이 바로 바울 사도가 세 번째로 깨달은 것이다.

바울 사도의 고백을 더 들어보자, "그러므로 내가 한 법을 깨달았노니, 곧 선을 행하기 원하는 나에게 악이 함께 있는 것이로다"(롬 7:21). 이 깨달음은 너무나 중요한데, 바울 사도 안에는 선을 행하고자 하는 마음만 있는 것이 아니라, 악도 있다는 것이다. 그렇다면 이 선과 악은 어디에서 왔는가? 악은 두말할 필요도 없이 아담이 불순종할 때 인간 속에 들어온 성품이다. 그 이후 악은 언제나 인간 속 깊이에 자리하고 있다.

그렇다면 선은 어디에서 왔는가? 그 선은 하나님으로부터 왔으며, 바울 사도가 예수 그리스도를 그의 구세주로 받아들였을 때 주어졌다. 그러니까 바울 사도는 두 종류의 '나'를 가지고 있었다. 한 종류의 '나'는 하나님의 법을 즐거워하면서 선을 행하기 원하는 '나'이다. 또 한 종류의 '나'는 죄의 법을 즐거워하면서 악을 행하기 원하는 '나'이다. 이처럼 두 종류의 '나'를 가지고 있다는 처절한 고백이다.

바울 사도의 고백을 더 들어보자, "내 속사람으로는 하나님의 법을 즐거워하되, 내 지체 속에서 한 다른 법이 내 마음의 법과 싸워 내 지체 속에 있는 죄의 법으로 나를 사로잡는 것을 보는도다"(롬

7:22-23). 이 말씀에 의하면, 두 종류의 '나'는 바울 사도의 속에서 치열한 싸움을 하고 있다는 것이다. 이런 깨달음이 율법이자 계명인 '탐내지 말라'로부터 왔다는 것이다.

로마서 7장에서 바울 사도의 결론적인 고백을 들어보자, "그런즉 내 자신이 마음으로는 하나님의 법을, 육신으로는 죄의 법을 섬기노라" (롬 7:25b). 이처럼 치열한 영적 싸움은 참으로 차원 높은 싸움이다. 위에서 언급한 것처럼, 로마서 6장을 거친 그리스도인이 겪는 내적 싸움이다. 이런 싸움을 그림으로 보자.

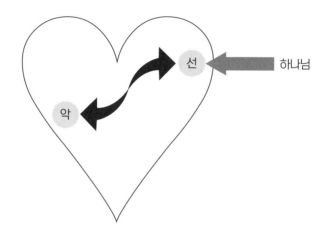

(6) 궁극적 승리

"오호라, 나는 곤고한 사람이로다! 이 사망의 몸에서 누가 나를 건져내랴! 우리 주 예수 그리스도로 말미암아 하나님께 감사하리로다! 그런즉 내 자신이 마음으로는 하나님의 법을 육신으로는 죄의 법을 섬기노라." (7:24-25).

바울 사도의 고백은 계속된다, "오호라, 나는 곤고한 사람이로다! 이 사망의 몸에서 누가 나를 건져내랴? 우리 주 예수 그리스도로 말미암아 하나님께 감사하리로다!" (롬 7:24-25a). '나는 곤고한 사람'이라는 표현은 엄청난 죄의식 때문에 짓눌리고 정죄감에 사로잡힌 상태를 가리킨다.[25] 이것은 그가 하나님처럼 자신을 보게 되었다는 것을 가리킨다. 달리 표현하면, 자신을 보는 바울의 영적 안목은 하나님과 동등하게 되었다는 것이다.

바울 사도는 다른 곳에서 자신을 가리켜서 이렇게 말한 적이 있다, "미쁘다, 모든 사람이 받을 만한 이 말이여! 그리스도 예수께서 죄인을 구원하시려고 세상에 임하셨다 하였도다. 죄인 중에 내가 괴수니라" (딤전 1:15). 여기에서 '괴수'라는 말은 '가장 흉악한 죄인'이라는 뜻이다. 바울 사도가 자신을 가장 흉악한 죄인으로 여긴 것은 하나님의 안목이 아니면 불가능한 묘사였다.

비록 바울 사도가 자신을 곤고한 사람이라고 여겼지만, 그렇게 천박하고도 못난 그를 받아주신 분, 곧 하나님에게 감사하고 있었다. 인간적으로는 절대로 구원받을 수 없는 죄인 중의 죄인인 자신을 하나님은 있는 그대로 받아주셨다. 그것도 그냥 받아주신 것이 아니라, 그의 하나밖에 없는 아들, 예수 그리스도를 희생시키면서 받아주셨다. 다시 말해서, 하나님은 죄인 중의 괴수와 당신의 아들과 맞바꾸셨던 것이다.

선한 것이 하나도 없고 오직 악만 가득한 그의 '사망의 몸'을 심판과 지옥에서 건져주신 분이 바로 예수 그리스도이셨다. 결국, 그분 때문에 바울 사도는 구원의 기쁨을 맛보았고, 현재도 맛보고, 그리고 앞으로도 맛볼 것이다. 그분이 마지막 날 다시 오셔서 구원받은 사람들을 변화시켜주실 터인데, 그때 바울 사도는 '사망의 몸'에서 해방될 것이다. 왜냐하면 그의 몸이 예수 그리스도의 몸처럼 완전하게 변화될 것이기 때문이다.

　바울 사도의 확신에 찬 증언을 들어보자, "죽은 자의 부활도 그와 같으니 썩을 것으로 심고 썩지 아니할 것으로 다시 살아나며, 욕된 것으로 심고 영광스러운 것으로 다시 살아나며, 약한 것으로 심고 강한 것으로 다시 살아나며, 육의 몸으로 심고 신령한 몸으로 다시 살아나나니" (고전 15:42-44). 그렇다! 예수 그리스도가 십자가에서 죽으시고 또 부활하신 것은 영적 구원만이 아니라, 생활의 구원과 몸의 구원도 위한 것이었다.

　그렇다면 그리스도인들은 '사망의 몸'에서 해방될 때까지는 끊임없이 갈등의 삶을 살아야 하는가? 물론 그렇지 않다! 그리스도인들이 성령의 충만을 받아 성령의 지배를 받으면 된다. 이런 경험을 완전 성결이라고 한다. 물론 이런 성결을 경험한 후에도 주님의 형상을 닮아가기 위하여 계속적으로 성장해야 한다. 왜냐하면 하나님이 그 아들을 통하여 그들을 구원하신 목적은 주님을 닮는 것이기 때문이다 (롬 8:29).

7) 성화의 넷째 단계: 육신의 해결 (8:1-39)

(1) 육신

　로마서 7장 7-25절에서 35회나 나오는 '나' 그리고 9회나 나오는 '우리'는 육신 때문에 '내'가 원하는 영적 삶을 영위할 수 없다는 사실을 명명백백하게 알려준다. 결국, '나'는 육신의 지배를 받지 않고 성령의 지배를 받지 않으면 안 된다는 사실을 이론적으로만 아니라 경험적으로 알게 되었다. 바울 사도는 성화론의 과정의 마지막 단계에서 이처럼 '나'를 밑으로 끌어당기는 육신의 문제를 다루었다.

바울 사도는 7장에서 '나'는 육신에 속했기 때문에, '내' 속은 바로 육신이라고 묘사했다. 그의 묘사를 직접 들어보자, "우리가 율법은 신령한 줄 알거니와 나는 육신에 속하여 죄 아래에 팔렸도다" (롬 7:14); "내 속 곧 내 육신에 선한 것이 거하지 아니하는 줄을 아노니, 원함은 내게 있으나 선을 행하는 것은 없노라" (롬 7:18). 그러면서 그는 육신에 대하여 이렇게 결론을 맺었다, "…그런즉 내 자신이 마음으로는 하나님의 법을 육신으로는 죄의 법을 섬기노라" (롬 7:25b).

이 시점에서 육신의 뜻을 알아보는 것이 순서일 것이다. 육신의 첫 번째 뜻은 후손 내지 자손이다. "그의 아들에 관하여 말하면 육신으로는 다윗의 혈통에서 나셨고" (롬 1:3). 이 말씀에서 육신은 다윗의 자손이라는 뜻이다. 그와 같은 맥락에서 로마서 9장의 말씀을 보자, "그들은 이스라엘 사람이라…조상들도 그들의 것이요 육신으로 하면 그리스도가 그들에게서 나셨으니…" (9:4-5). 이 말씀에서도 육신의 뜻은 이스라엘 사람의 자손이라는 뜻이다.

육신의 두 번째 뜻은 문자 그대로 영혼을 담고 있는 몸이다. 바울 사도가 이 뜻으로 사용한 육신을 보자, "이후로는 종과 같이 대하지 아니하고 종 이상으로 곧 사랑받는 형제로 둘 자라. 내게 특별히 그러하거든 하물며 육신과 주 안에서 상관된 네게랴!" (몬 1:16). 이 말씀에서 육신은 어떤 다른 뜻도 함축하지 않은 단순히 몸 내지 사람이란 뜻이다. 그런데 이 두 가지 뜻으로 사용된 육신은 어떤 잘못도 없는, 그래서 심판을 받지 않는다.

그러나 세 번째 뜻인 육신은 죄의 지배를 받을 수 있는 사람의 속성을 가리킨다. 그러므로 육신은 하나님을 섬기는 것보다는 자신의 이익을 추구하는 죄성을 지닌 속성을 가리킨다. 바울 사도가 로마서 7장에서 세 번씩이나 반복적으로 사용하고, 또 8장에서 13번씩이나 사용한 육신은 이 범주에 들어가는 것이다. 바울 사도가 8장에서 이 육신이 제어되어 성령의 지배를 받지 않으면 성결한 삶을 영위할 수 없다는 내용을 강조한다.

바울 사도는 로마서에서 지금까지 성령이라는 단어를 두 차례 밖에 사용하지 않았다 (롬 5:5, 7:6). 더군다나 '나'로 점철된 로마서 7장 7절부터 25절에는 성령이 한 번도 언급되지 않는다. 그런데 8장에서는 7장에서 35번이나 언급된 '나'는 한 번도 언급되지 않고, 대신 성령이 21번이나 언급된다. 그 이유는 너무나 간단하다! 육신의 행실을 죽이고 성령의 지배를 받는 성결의 삶을 묘사하기 때문이다.

예수 그리스도가 십자가에서 죽고 부활하신 목적은 그리스도인들이 성령의 지배를 받으면서 승리의 삶을 누리게 하는 것이다. 다시 말해서, 성령의 충만을 경험해야 하는데, 이것을 '두 번째 은총'이라고 한다. '첫 번째 은총,' 곧 '의롭다 하심'이 그분의 십자가를 통해서만 가능한 것처럼, '두 번째 은총'도 역시 십자가를 통해서만 가능하다. 한 마디로, 육신이 십자가에 못 박혀 죽어야 한다. 그 결과 성령의 지배를 받는 능력과 승리의 삶을 누리게 된다.

(2) 성결의 근거 (8:1-4)

"그러므로 이제 그리스도 예수 안에 있는 자에게는 결코 정죄함이 없나니, 이는 그리스도 예수 안에 있는 생명의 성령의 법이 죄와 사망의 법에서 너를 해방하였음이라. 율법이 육신으로 말미암아 연약하여 할 수 없는 그것을 하나님은 하시나니, 곧 죄로 말미암아 자기 아들을 죄 있는 육신의 모양으로 보내어 육신에 죄를 정하사, 육신을 따르지 않고 그 영을 따라 행하는 우리에게 율법의 요구가 이루어지게 하려 하심이니라."

바울 사도는 성결한 삶의 근거를 두 가지로 서술했는데, 하나는 십자가이고 또 하나는 성령이다. 먼저, 십자가의 사건을 보자. '나'는 육신 때문에 연약한 나머지 하나님의 법을 지킬 수 없었다. 그런데 그리스도 예수가 십자가에서 죽으셨을 때 '나'도 함께 죽게 하셨다. 그의 말이다, "율법이 육신으로 말미암아 연약하여 할 수 없는 그것을 하나님은 하시나니, 곧 죄로 말미암아 자기 아들을 죄 있는 육신의 모양으로 보내어 육신에 죄를 정하사" (롬 8:3).

이 말씀에서 "자기 아들을 죄 있는 육신의 모양으로"는 그리스도 예수가 실제로 죄가 있는 육신을 짊어진 분이라는 뜻이 아니라, 죄의 육신을 가지고 있는 모든 인간을 대신하여 죄를 가진 육신처럼 십자가에서 죽으셨다는 뜻이다. 그렇다! 그분의 죄 없는 육신이 십자가에서 깨어짐으로 '내'가 가진 죄의 육신의 문제도 해결되었다는 것이다. 그 결과는 너무나 영광스러운 것이다!

그 결과가 영광스러운 첫 번째 이유는 "이제 그리스도 예수 안에 있는 자에게는 결코 정죄함이 없기" 때문이다 (롬 8:1). 둘째 이유는 "그리스도 예수 안에 있는 생명의 성령의 법이 죄와 사망의 법에서 나를 해방하였기" 때문이다 (롬 8:2). 이 말씀에 있는 성령은 로마서 8장에서 제일 먼저 나오는 성령이다. 성령이 충만하게 임하셨다는 것이다. 그분이 십자가에서 죽으시고, 부활하시고, 승천하신 후, 강림하신 성령이 '나'에게도 임하셨던 것이다.

이런 성령의 임재가 바로 성결한 삶의 두 번째 근거이다. 성령의 강림은 율법의 시대를 끝내고 새로운 시대에 들어갔다는 뜻이다. 그에 대한 하나님의 약속을 보자: "맑은 물을 너희에게 뿌려서 너희로 정결하게 하되…또 새 영을 너희 속에 두고…너희 육신에서 굳은 마음을 제거하고 부드러운 마음을 줄 것이며, 또 내 영을 너희 속에 두어 너희로 내 율례를 행하게 하리니 너희가 내 규례를 지켜 행할지라" (겔 36:25-27).

이 약속은 본래 이스라엘에게 주어진 것이나, 율법 아래에 있는 그들은 경험할 수 없는 약속이었다. 그런데 새로운 시대에 성령의 충만한 임재로 그 약속이 이루어졌다. "육신으로 말미암아 연약하여 할 수 없던" 성결의 삶이 가능하게 된 것이다. 위의 말씀에서 '정결하게 하되'는 바로 성결하게 된다는 약속이다. 그것이 가능한 것은 '새 영을 너희 속에 두었기' 때문이다. 위의 말씀은 그 목적도 분명한데, 곧 "너희로 내 율례를 행하게 하는" 것이었다.

바울 사도도 그렇게 성결하게 된 목적을 명시했다, "육신을 따르지 않고 그 영을 따라 행하는 우리에게 율법의 요구가 이루어지게 하려 하심이니라" (롬 8:4). 이 말씀에서 '영을 따라 행한다'는 말씀은 약속이자 동시에 명령이다. 그것이 약속인 것은 성령의 인도를 따라 율법의 요구가 이루어진다는 것이다. 그것이 명령인 것은 성령 아래에 있는 '나'라도 자동적으로 율법의 요구가 이루어지지 않고, '내'가 성령의 인도에 순종해야 한다는 책임도 함축한다.

(3) 육신과 성령 (8:5-11)

"육신을 따르는 자는 육신의 일을, 영을 따르는 자는 영의 일을 생각하나니, 육신의 생각은 사망이요 영의 생각은 생명과 평안이니라. 육신의 생각은 하나님과 원수가 되나니, 이는 하나님의 법에 굴복하지 아니할 뿐 아니라 할 수도 없음이라. 육신에 있는 자들은 하나님을 기쁘시게 할 수 없느니라. 만일 너희 속에 하나님의 영이 거하시면 너희가 육신에 있지 아니하고 영에 있나니, 누구든지 그리스도의 영이 없으면 그리스도의 사람이 아니라. 또 그리스도께서 너희 안에 계시면 몸은 죄로 말미암아 죽은 것이나, 영은 의로 말미암아 살아 있는 것이니라. 예수를 죽은 자 가운데서 살리신 이의 영이 너희 안에 거하시면, 그리스도 예수를 죽은 자 가운데서 살리신 이가 너희 안에 거하시는 그의 영으로 말미암아 너희 죽을 몸도 살리시리라."

그렇다! 성령의 충만을 경험하여 성결의 삶을 영위할 때도 순간마다 성령의 인도하심에 민감하게 따라야 한다. 이 말을 뒤집으면, 성결하게 살면서도 성령의 인도를 외면하거나 거부할 수 있다는 것이다. 그 이유는 간단하다! 하나님이 '나'를 인격자로 창조하셨기 때문이다. '나'는 언제라도 성령의 지시를 받아들이지 않을 수도 있고,

받아들일 수도 있는 자유의지를 가진 인격적 존재이다.

물론 성결의 경험을 하기 전에도 그리스도인들은 인격적으로 하나님의 뜻을 따를 수도 있고 거부할 수도 있다. 그렇다면 성결의 경험을 한 후에도 성령의 인도를 받아들일 수도 있고 거부할 수도 있다면, 도대체 어떤 차이가 있는가? 성결의 경험 이전에도 하나님의 뜻을 거부하면 마음에 평안과 기쁨이 사라진다. 그런데 성결의 경험 후 갖는 갈등은 이루 말할 수 없이 크다.

성결의 경험을 한 이후 성령의 인도하심을 거슬리면, 그에 따르는 갈등은 심각할 정도로 크다. 어떤 때는 너무 괴로운 나머지 밥맛도 잃을 수 있고, 또 잠자리마저 설칠 수 있다. 성령은 강하게 촉구하면서 당장 잘못을 회개하고 돌아오라고 하신다. 심지어는 옳게 생각하고, 옳게 말하고, 옳게 행동하지 못하게 될 수도 있다. 한마디로 말해서, 영적으로 비참한 상태에 빠지게 되기에 오래가지 못하고 돌이키게 된다.

바울 사도는 성령의 지시를 거부하므로 육신을 따르는 자와 성령을 따르는 자를 날카롭게 대조했다. 첫째 대조는 "육신을 따르는 자는 육신의 일을, 영을 따르는 자는 영의 일을 생각하나니" (롬 8:5). 이 대조에 의하면 생각하는 내용이 다르다는 것이다. 전자는 육신의 일, 곧 자기중심의 사고를 하여 자신의 이익과 편의를 집중적으로 생각한다. 그러나 후자는 성령의 일을 생각하므로, 위로 하나님을 섬기며 아래로 사람들을 섬긴다.

그 결과도 분명하다, "육신의 생각은 사망이요 영의 생각은 생명과 평안이니라" (롬 8:6). 성경에서 사망은 언제나 분리를 뜻한다. 육신을 택한 자는 하나님과의 교제가 깨어지며, 영적으로 살아가는 사람들과도 사이가 멀어진다. 한발 더 나아가서, 비슷한 생각을 가진 사람들끼리 모여 작당까지 한다. 그 반대로 영적으로 사는 사람은 하나님이 주시는 생명과 평안을 누리며, 그런 삶을 주변의 그리스도인들은 물론 불신자에게도 전한다.

두 번째 대조를 보기 위하여 바울 사도의 진단을 보자, "육신의 생각은 하나님과 원수가 되나니, 이는 하나님의 법에 굴복하지 아니할 뿐 아니라 할 수도 없음이라" (롬 8:7). '하나님과 원수가 된다'는 뜻은 하나님의 법에 굴복하지 않는다는 것이다. 하나님의 법에 굴복하지 않으면, 결국 자신의 뜻대로 생각하고, 결정하고, 그리고 따라간다는 뜻이다. 그러나 영의 생각은 하나님과 깊은 교제를 나누며 그분의 법에 굴복한다.

세 번째 대조는 무엇인가? 바울 사도에 의하면 다음과 같다, "육신에 있는 자들은 하나님을 기쁘시게 할 수 없느니라" (롬 8:8). 두말할 필요도 없이 하나님의 법에 굴복하지 않는 자들은 하나님을 기쁘시게 할 수 없다. 오히려 하나님의 마음을 아프게 할 뿐이다. 그렇다! 성결의 삶은 성령의 인도와 지시를 따르면서 살아가는 것이다. 그런 삶이야말로 '내' 안에 계신 성령의 지배를 받으면서 살아가는 성결의 삶이다.

(4) 특권과 책임 (8:12-17)

"그러므로 형제들아 우리가 빚진 자로되, 육신에게 져서 육신대로 살 것이 아니니라. 너희가 육신대로 살면 반드시 죽을 것이로되, 영으로써 몸의 행실을 죽이면 살리니, 무릇 하나님의 영으로 인도함을 받는 사람은 곧 하나님의 아들이라. 너희는 다시 무서워 하는 종의 영을 받지 아니하고, 양자의 영을 받았으므로 우리가 아빠 아버지라고 부르짖느니라. 성령이 친히 우리의 영과 더불어 우리가 하나님의 자녀인 것을 증언하시나니, 자녀이면 또한 상속 자 곧 하나님의 상속자요 그리스도와 함께 한 상속자니, 우리가 그와 함께 영광을 받기 위하여 고난도 함께 받아야 할 것이니라."

성결의 삶을 영위하는 성도는 매일의 삶에서 육신의 지배를 받지 않는다. 육신에게 빚을 진 것이 하나도 없기 때문이다. 빚은커녕 오 히려 성령 안에서 자유를 누리는 사람들이다. 이처럼 성령 안에서 성령의 지배를 받기에 성령에게 빚진 자들이다. 그리고 성령의 지 배를 받는다는 것은 성령을 따라서 사는 성결의 삶을 가리킨다. 바 울 사도의 말이다, "그러므로 형제들아 우리가 빚진 자로되 육신에 게 져서 육신대로 살 것이 아니니라" (롬 8:12).

비록 그리스도인들이 예수 그리스도와 연합하여 자아를 십자가 에 못 박았지만, 그리고 성령 충만의 결과 성령의 지배를 받지만, 육신대로 살고자 하는 욕구는 항상 존재한다. 그 욕구가 안에서부 터 시시때때로 꿈틀거린다. 그런 이유 때문에 성결의 삶을 영위하 는 그리스도인들은 몸을 통하여 꿈틀거리며 나오려는 육신의 행실 을 죽이지 않으면 안 된다. 물론 성령의 도우심과 인격적인 결단을 통해서 죽여야 한다.

이런 사실을 바울 사도는 이렇게 말했다, "너희가 육신대로 살면 반드시 죽을 것이로되, 영으로써 몸의 행실을 죽이면 살리니" (롬 8:13). 얼마나 무서운 진단이며 결과인가! 육신대로 살면 죽고, 성령의 도움을 받아 몸의 행실을 죽이면 산다는 것이다. 이미 위에서 언급한 것처럼, 죽음은 곧 분리이다. 하나님과의 교제도 끊어지며, 성령의 지배도 받지 못한다는 것이다. 한발 더 나아가서, 다른 충만한 그리스도인들과의 교제에도 간격이 생긴다.

바울 사도가 다른 곳에서 같은 내용을 선포한 적이 있다. "그리스도 예수의 사람들은 육체와 함께 그 정욕과 탐심을 십자가에 못 박았느니라" (갈 5:24). 이 말씀에 의하면, 몸을 통하여 표출되는 육신의 행실은 정욕과 탐심이다. 정욕과 탐심은 불신자에게서 볼 수 있는 것이지만, 성령의 지배를 받지 못한 그리스도인들에게서도 볼 수 있다. 그런 것들을 매일 십자가에 못 박아야 성령의 지배를 받는 성결의 삶을 지속한다는 것이다.

성령의 지배를 받으며 사는 그리스도인들에게 주어진 특권은 한두 가지가 아니다. 첫째로, 그들은 성령의 인도를 받으면서 하나님의 자녀다운 삶을 산다. 바울 사도의 확인이다, "무릇 하나님의 영으로 인도함을 받는 사람은 곧 하나님의 아들이라" (롬 8:14). 그렇다! 성령은 성결한 삶을 사는 그리스도인이 성령의 인도하심을 받으면 많은 중요한 결정을 주님 뜻대로 하게 되며, 따라서 풍성하고도 능력 있는 삶을 살게 된다.

둘째로, 하나님을 아빠 아버지라고 부를 수 있을 만큼 하나님과 가까운 관계를 유지한다 (롬 8:15). 하나님을 그렇게 부를 수 있는 것은 '양자의 영'을 받았기에 가능하다. 다시 말해서, '무서워하는 종의 영'을 받은 것이 아니다. 무섭다는 말은 종말에 받을 심판을 염두에 둔 것이다. 종말이 이를 때 현재는 '양자'이지만, 그때는 더 이상 양자가 아니라 그리스도 예수와 같은 친아들이 된다는 것이다.

셋째로, 그리스도인들이 '하나님의 자녀인 것'을 성령이 우리의 영과 더불어 증언하신다 (롬 8:16). 이런 성령의 증언은 특히 세 가지로 나타나는데, 믿음과 소망과 사랑이다. 그 들에게 예수 그리스도에 대한 믿음을 갖게 하신 것도 성령이시다. 그들이 주님의 재림을 소망하게 하신 것도 성령이시다. 그들이 위로 주님을 사랑하고 아래로 형제자매를 사랑하게 하신 것도 성령이시다. 이 세 가지 증언으로 성령은 그들이 하나님의 자녀인 사실을 증언하신다.

넷째로, 그리스도인들은 하나님의 상속자라는 것이다 (롬 8:17a). 바울 사도는 다른 데서 이렇게 말한 바 있다, "너희가 그리스도의 것이면 곧 아브라함의 자손이요, 약속대로 유업을 이을 자니라" (갈 3:29). 이 말씀은 아브라함이 세상을 물려받은 것처럼 (롬 4:13), 그리스도인들도 현세에 세상의 것들을 물려받을 뿐 아니라, 후세에 하늘의 기업을 상속받는다. 무엇보다도 하나님과의 단절 없는 교제를 허락받은 상속자들이다.

다섯째로, 성결의 삶을 사는 그리스도인들이 누리는 또 하나의 특권은 현재의 고난과 장차의 영광이다 (롬 8:17b). 그렇다! 성결한 삶을 사는 그리스도인들은 그렇지 못한 평범한 그리스도인들로부터도 오해를 받을 수 있고, 불신자들로부터는 박해를 받을 수도 있다. 왜냐하면 그들의 삶의 방식이 너무나 다르기 때문이다. 그렇지만 그런 고난에 대한 보상은 이루 말할 수 없이 큰데, 곧 하나님의 영광이 주어질 것이기 때문이다.

(5) 장래의 영광 (8:18-39)

성결의 삶의 절정이 고난과 영광이다! "자녀이면 또한 상속자 곧 하나님의 상속자요 그리스도와 함께 한 상속자니, 우리가 그와 함께 영광을 받기 위하여 고난도 함께 받아야 할 것이니라"(롬 8:17). 이 말씀에 의하면, 그리스도인은 분명한 목적의식을 가지고 살아가는데, 곧 주님의 재림이다. 그리스도인은 그분의 재림과 더불어 있을 영광, 곧 그의 완전한 변화와 주님을 얼굴을 맞대고 만난다는 영광스러운 소망 때문에 현재의 고난도 달게 받는다.

현재에 시작된 구원은 주님이 다시 오실 때 완성된다. 실제로 그리스도인이 그리스도와 연합하여 함께 죽고, 함께 장사 되고, 함께 부활하여 승리의 삶을 구가할 수 있게 된 것이다. 그러나 그 승리는 아직 완성되지 않았다. 그런 이유 때문에 그리스도인들의 삶은 "이미…그러나 아직"already…but not yet으로 표현할 수 있다. 다시 말해서, 이미 이루어졌지만, 아직 완성되지 않았다는 것이다.

그러니까 그리스도인은 '이미'와 '아직' 사이에 사는 사람이다. 예수 그리스도의 구속적 죽음과 부활을 통하여 값없이 의롭다 하심을 받은 후, 성령의 충만을 경험함으로 성결의 삶을 누리기 시작했다. 이런 경험은 '이미' 이루어진 놀라운 은혜이다. 그렇다고 절대적 성결을 누리는 것은 아니다. 절대적 성결은 육신이 영광스럽게 변화될 때 경험되는 은혜이다. 그런 이유 때문에 '아직' 다 이루어지지 않았다.

그리스도인은 '아직'이 이루어질 기대와 소망을 가지고 있다. 그런 것이 이루어지는 때는 두말할 필요도 없이 예수 그리스도가 주 중의 주요 왕 중의 왕으로 다시 오실 때이다. 주님은 '보화'와 '진주' 같은 그리스도인이 절대적 성결을 경험할 수 있도록 다시 오실 것이다 (마 13:44-45). 그분이 그렇게 다시 오시면 그토록 많은 약속을 하신 대로, 그리스도인의 구원은 완성되어, '아직'이 '이미'로 바뀔 것이다.

바울 사도는 로마서 8장 18절로부터 '아직'이 '이미'로 변화될 것을 소망하면서 기다리는 그리스도인의 모습을 묘사했다. 그 모습을 보면 그리스도인은 해바라기와 같은 존재임을 확인할 수 있다. 해바라기는 온종일 해를 바라보며 해가 이동하는 대로 따라서 이동한다. 그리스도인은 주를 바라보면서 주님의 인도하심을 따라 이동하는 '주바라기'이다. 바울 사도가 묘사한 '주바라기'의 모습을 하나씩 살펴보자.

a. 피조물의 기대 (8:18-25)

"생각하건대 현재의 고난은 장차 우리에게 나타날 영광과 비교할 수 없도다. 피조물이 고대하는 바는 하나님의 아들들이 나타나는 것이니, 피조물이 허무한 데 굴복하는 것은 자기 뜻이 아니요, 오직 굴복하게 하시는 이로 말미암음이라. 그 바라는 것은 피조물도 썩어짐의 종 노릇 한 데서 해방되어, 하나님의 자녀들의 영광의 자유에 이르는 것이니라. 피조물이 다 이제까지 함께 탄식하며 함께 고통을 겪고 있는 것을 우리가 아느니라. 그뿐 아니라 또한 우리 곧 성령의 처음 익은 열매를 받은 우리까지도 속으로 탄식하여 양자 될 것 곧 우리 몸의 속량을 기다리느니라. 우리가 소망으로 구원을 얻었으매, 보이는 소망이 소망이 아니니 보는 것을 누가 바라리요. 만일 우리가 보지 못하는 것을 바라면 참음으로 기다릴지니라."

하나님의 자녀가 된 그리스도인은 고난을 당해도 인내로 주님의 재림을 기다린다. 왜냐하면 그분이 다시 오셔서 육체의 한계를 가지고 사는 하나님의 자녀들을 해방시키실 소망 때문이다. 그런데 주님의 재림을 기다리는 것은 그리스도인 뿐 아니라, 모든 피조물도 마찬가지이다. 왜냐하면 피조물은 하나님의 저주를 받은 이후 (창 3:16-19) 허무한데 굴복하고 있기 때문이며, 그 피조물도 그분의 재림과 더불어 저주에서 해방될 소망 때문이다.

그러나 그리스도인만큼 그분의 재림을 기다리는 존재는 없다. 바울 사도의 묘사를 보자, "그뿐 아니라 또한 우리 곧 성령의 처음 익은 열매를 받은 우리까지도 속으로 탄식하여 양자 될 것 곧 우리 몸의 속량을 기다리느니라. 우리가 소망으로 구원을 얻었으매 보이는 소망이 소망이 아니니 보는 것을 누가 바라리요? 만일 우리가 보지 못하는 것을 바라면 참음으로 기다릴지니라" (8:23-25).

b. 기도를 도우시는 성령 (8:26-27)

"이와 같이 성령도 우리의 연약함을 도우시나니 우리는 마땅히 기도할 바를 알지 못하나, 오직 성령이 말할 수 없는 탄식으로 우리를 위하여 친히 간구하시느니라. 마음을 살피시는 이가 성령의 생각을 아시나니, 이는 성령이 하나님의 뜻대로 성도를 위하여 간구하심이니라."

비록 그리스도인이 성령의 지배를 받아도 여전히 한계와 결함을 가지고 있다. 그러므로 그가 기도를 열심히 하는데 하나님의 뜻을 알지 못하는 경우가 허다하다. 그런데 하나님이 응답하시는 참 기도를 하려면 하나님의 뜻대로 기도해야 한다. 그렇게 할 수 있도록 성령이 도우신다. "이와 같이 성령도 우리의 연약함을 도우시나니 우리는 마땅히 기도할 바를 알지 못하나 오직 성령이 말할 수 없는 탄식으로 우리를 위하여 친히 간구하시느니라" (8:26).

바울 사도는 기도의 삼위일체를 제시하는데, 하나는 기도하는 그리스도인이고, 또 한 분은 그 기도를 탄식하며 도우시는 성령이시다. 그런데 나머지 한 분은 바로 그리스도 예수이시다. 그분도 그리스도인을 위하여 하나님 우편에서 중보하신다. "…죽으실 뿐 아니라 다시 살아나신 이는 그리스도 예수시니 그는 하나님 우편에 계신 자요 우리를 위하여 간구하시는 자시니라" (8:34). 이처럼 삼위가 혼연일체가 되어 기도할 때 하나님은 기쁘게 응답하신다.

c. 그리스도인의 영화 (8:28-30)

"우리가 알거니와 하나님을 사랑하는 자 곧 그의 뜻대로 부르심을 입은 자들에게는 모든 것이 합력하여 선을 이루느니라. 하나님이 미리 아신 자들을 또한 그 아들의 형상을 본받게 하기 위하여 미리 정하셨으니, 이는 그로 많은 형제 중에서 맏아들이 되게 하려 하심이니라. 또 미리 정하신 그들을 또한 부르시고, 부르신 그들을 또한 의롭다 하시고, 의롭다 하신 그들을 또한 영화롭게 하셨느니라."

성령과 그리스도 예수의 간구 때문에 그리스도인의 기도가 응답되면서, 하나님은 "모든 것을 합력하여 선을 이루신다" (8:28). 그가 아무리 큰 고난을 당해도 하나님은 그 고난을 통해서 그를 향한 당신의 뜻을 이루신다. 그렇다면 하나님의 궁극적인 뜻은 무엇인가? 그것은 그가 예수 그리스도의 형상을 닮는 것이다. 이미 언급한 대로, 하나님의 관심은 그리스도인이지, 그가 어떤 환경에서 어떤 복을 누리고 있느냐가 아니다.

그러니까 하나님이 그리스도인에게 부어주시는 가장 큰 복은 그가 예수 그리스도의 형상을 닮아가는 것이다. 그 목적을 위하여 하나님은 그리스도인이 인간적으로 말할 수 없는 고난을 허용하실 수 있다. 만일 그 고난을 통해서 그가 하나님의 아들의 형상을 본받아 간다면 말이다. 그런 이유 때문에 바울 사도는 이렇게 말했다, "우리가 알거니와 하나님을 사랑하는 자 곧 그의 뜻대로 부르심을 입은 자들에게는 모든 것이 합력하여 선을 이루느니라"(8:28).

바울 사도는 그리스도인이 하나님의 아들의 형상을 본받기 위하여 모든 것을 기획하셨다고 분명히 말했다, "하나님이 미리 아신 자들을 또한 그 아들의 형상을 본받게 하기 위하여 미리 정하셨으니, 이는 그로 많은 형제 중에서 맏아들이 되게 하려 하심이니라"(8:29). 맏아들이신 예수 그리스도를 그리스도인이 닮아가게 하기 위하여 하나님은 그를 예정하셨다. 얼마나 놀라운 하나님의 기획인가!

하나님은 예정하신 그리스도인을 다음과 같은 과정을 통해 그리스도 예수를 닮아가게 하셨다. "또 미리 정하신 그들을 또한 부르시고, 부르신 그들을 또한 의롭다 하시고, 의롭다 하신 그들을 또한 영화롭게 하셨느니라"(8:30). 그렇다! 예정하신 자를 부르셨고, 그 부르심에 반응했기에 그를 의롭다 하셨다. 거기에서 끝나지 않고 그로 하여금 거룩하게 살 수 있도록 성령으로 충만케 하셨다.

그뿐 아니라 그를 영화롭게 하셨다. 본래 하나님은 아담을 창조하셨을 때 그로 하여금 하나님에게 영광을 돌리게 하실 목적이었다. 그러나 그는 하나님에게 영광은커녕 오히려 하나님의 자리에 자신을 올려놓았다. 그러나 마지막 아담 예수 그리스도를 통하여 그리스도인은 마침내 하나님에게 영광을 돌릴 수 있게 되었다. 이처럼 하나님이 영광을 받으시면, 하나님의 구원은 완성되는 것이다.[26]

d. 고난 중의 확신 (8:31-39)

그리스도인이 성령의 지배를 받으며 충만한 삶을 누릴 때, 다시 말해서 그가 성결의 삶을 누릴 때, 그를 그냥 놓아두지 않는 악의 세력이 있다. 악령의 지배를 받는 사람들이 그를 괴롭게 한다. 그런 이유 때문에 그리스도인들은 필연적으로 비난과 박해를 받을 수밖에 없다. 그러나 하나님이 그리스도인 편이시기에 그런 비난과 박해 가운데서도 승리의 삶을 누릴 수 있다. 승리의 삶을 누리면서 '아들의 형상'을 닮아가는 것이다.

바울 사도는 승리의 삶을 누릴 수 있는 은혜도 설명했다. 그 은혜는 삼중적인데, 첫째는 모든 것을 합력하여 선을 이루시는 하나님 때문이다. 그렇지 않다면 그 아들을 그렇게 희생시키지 않으셨을 것이다. 둘째는 지금도 하나님 우편에서 그리스도인을 위하여 간구하시는 그리스도 예수 때문이다 (8:34). 셋째는 그를 위하여 그의 마음속에서 말할 수 없는 탄식으로 간구하시는 성령님 때문이다. 그는 '넉넉히 이길 수'밖에 없다.

삼위의 하나님이 그리스도인 편인데 어떤 환경과 존재가 그리스도인을 넘어뜨릴 수 있는가? 물론 없다! 넘어지기는커녕 '넉넉히 이긴다!' 마치 오뚝이와 같다. 오뚝이는 아무리 넘어뜨려도 다시 일어난다. 오뚝이처럼 그리스도인은 "환난, 곤고, 박해, 기근, 적신, 위험, 칼"이 물밀 듯 닥쳐도 넘어지지 않는다. 그런 어떤 것도 그리스도의 사랑에서 끊을 수 없다 (8:35). 오히려 그럴수록 그리스도의 사랑을 더 깊이 경험하는 존재이다.

그런 그리스도의 사랑 때문에 그리스도인은 이기고도 남는, 문자 그래도 '넉넉히 이기'는 자이다 (8:37). 창조주이신 하나님의 보호 아래 있는데, 어떤 피조물이 그리스도인을 넘어뜨릴 수 있는가? 물론 없다! 바울 사도는 그를 공략하는 피조물도 열거했다: "사망, 생명, 천사들, 권세자들, 현재의 일, 장래의 일, 능력, 높음, 깊음" (8:38). 이런 피조물은 그리스도인을 "예수 그리스도 안에 있는 하나님의 사랑에서 끊을 수 없다" (8:39).

바울 사도가 제시한 그리스도인의 특권은 참으로 크나크다. 그 큰 특권과 은혜를 달리 묘사하는 것은 거의 불가능하다. 바울 사도의 묘사를 직접 인용하면서, 하나님이 그리스도인에게 주신 보호와 영광을 보자.

> "만일 하나님이 우리를 위하시면 누가 우리를 대적하리요?
> 자기 아들을 아끼지 아니하시고 우리 모든 사람을 위하여 내주신 이
> 가 어찌 그 아들과 함께 모든 것을 우리에게 주시지 아니하겠느냐?
> 누가 능히 하나님께서 택하신 자들을 고발하리요?
> 의롭다 하신 이는 하나님이시니 누가 정죄하리요?
> 죽으실 뿐 아니라 다시 살아나신 이는 그리스도 예수시니,
> 그는 하나님 우편에 계신 자요 우리를 위하여 간구하시는 자시니라.

누가 우리를 그리스도의 사랑에서 끊으리요?

환난이나 곤고나 박해나 기근이나 적신이나 위험이나 칼이랴?

그러나 이 모든 일에 우리를 사랑하시는 이로 말미암아 우리가 넉넉히 이기느니라!" (롬 8:31-35, 37).

7. 마무리

하나님이 인간을 창조하신 목적은 크게 세 가지로 요약할 수 있다. 첫째는 그 인간이 하나님과 관계를 갖기 위함이었다. 하나님으로부터 생긴 존재이기에 그는 전적으로 하나님을 의존해야 한다. 그러므로 그는 무엇보다도 하나님을 사랑해야 하며, 그분에게 감사와 기도와 예배를 드려야 한다. 인간은 하나님의 면전을 떠날 수 없으며, 따라서 그는 하나님과 교제를 나누며, 그가 하는 모든 일에 하나님 앞에서 책임을 져야 한다.

둘째 목적은 다른 사람들과 관계를 맺게 하기 위함이었다. 인간은 서로를 필요로 하는 사회적 존재이며, 그렇게 다른 사람들과 어울릴 때 비로소 그는 인간다운 인간이 될 수 있다. 그런 관계에서 '나'는 '너'를 필요로 하고, '너'는 '나'를 필요로 한다. 그것은 사랑의 관계이며 교제의 관계이기에 서로의 필요를 채워주고 보듬는 관계이다. 결코 '나'의 재능과 업적을 '나'의 것으로 여겨서 '나'의 유익만을 위하지 말고 서로를 위해야 한다.

셋째 목적은 자연과 올바른 관계를 갖기 위함이었다. 인간이 하나님과 다른 인간을 떠나 살 수 없듯, 자연을 떠나 살 수 없다. 인간은 자연 속에서, 그 자연이 주는 혜택을 누리면서 살아가는 존재이다. 그런 까닭에 인간은 자연을 한편 돌보며, 또 한편 개발하며 공존해야 한다. 인간은 자연이 품고 있는 어마어마한 잠재력을 개발해서 누릴 책임이 있으나, 자신의 유익만을 위하여 착취하면 그 자연은 부메랑이 되어 인간을 괴롭힌다.

이런 세 가지 목적을 위하여 하나님은 인간을 하나님의 형상을 따라 창조하셨다 (창 1:26-27). 그런 이유로 인간은 하나님을 드러내는 존재이다. 그는 하나님이 원하시는 것을 하며, 하나님의 뜻을 드러내야 한다. 그는 이 세상에서 하나님의 대리로서 하나님의 거룩과 사랑의 성품을 드러낼 수 있는 영광스러운 존재이다. 그뿐 아니라, 인간은 하나님의 질서와 권위를 드러내면서 세상을 다스릴 책임이 주어진 존재이다.

그처럼 존귀한 위치에 있던 인간이 스스로 하나님의 자리를 넘보고 또 하나님처럼 되려고 하면서 하나님에게 불순종했다. 그 이후 인간은 하나님과의 관계가 단절되었다. 그런 단절은 필연적으로 다른 사람들과의 관계에도 나쁜 영향을 끼쳐서 사람들이 있는 곳에서는 필연적으로 갈등과 살인 등 수없이 많은 문제에 휘둘리고 있다. 자연과의 관계는 어떤가? 자연은 더 이상 개발과 보호의 대상이 아니라, 착취의 대상으로 전락되었다.

바울 사도는 로마서에서 이처럼 하나님의 형상으로 창조되었다가 타락한 인간의 모습을 그렸다. 그런 그림이 죄론이었다. 죄론에서 묘사된 죄인은 결코 하나님의 형상대로 지음을 받은 인간의 모습이 아니었다. 하나님의 형상이 일그러지고 깨어진 모습이었다. 바울 사도는 하나님이 진단하시는 인간의 모습을 사람들이 시인할 수 있도록 차례로 그렸다. 하나님을 떠나간 인간의 모습은 그야말로 동물적인 삶과 큰 차이가 없을 정도였다.

그러나 바울 사도는 그렇게 일그러진 하나님의 형상이 다시 회복될 수 있다는 확신을 가지고 로마서를 개진하였다. 그의 말을 인용하면서 설명해보자, "하나님이 미리 아신 자들을 또한 그 아들의 형상을 본받게 하기 위하여 미리 정하셨으니 이는 그로 많은 형제 중에서 맏아들이 되게 하려 하심이니라" (8:29). 이 말씀에서 '그 아들의 형상'이란 표현을 주목해보자. '그 아들'은 두말할 필요도 없이 예수 그리스도를 가리킨다.

예수 그리스도는 문자 그대로 하나님의 형상이시었다. 바울 사도는 다른 곳에서 그분이 하나님의 형상이라고 누누이 말했다, "그중에 이 세상의 신이 믿지 아니하는 자들의 마음을 혼미하게 하여 그리스도의 영광의 복음의 광채가 비치지 못하게 함이니, 그리스도는 하나님의 형상이니라" (고후 4:4). 그러면 왜 하나님의 형상이신 예수 그리스도가 이 세상에 오셨는가? 그 목적도 분명한데, 깨어진 하나님의 형상을 회복시키기 위함이었다.

이미 인용한 말씀을 다시 인용해보자, "하나님이 미리 아신 자들을 또한 그 아들의 형상을 본받게 하기 위하여!" '하나님이 미리 아신 자들'은 두말할 필요도 없이 구세주이신 예수 그리스도를 믿고 구원받을 사람들을 가리킨다. 그들이 '그 아들의 형상을 본받게 하기 위하여' 그분이 이 세상에 오셨다. 비록 타락한 인간은 하나님을 볼 수 없지만, 그 아들을 통하여 그 형상을 볼 수 있었다, "그는 보이지 아니하는 하나님의 형상이시오" (골 1:15).

그렇다면 어떤 방법을 통하여 그리스도인들이 '그 아들의 형상을 본받을 수' 있는가? 바울 사도는 그 방법을 이렇게 요약적으로 설명했다, "또 미리 정하신 그들을 또한 부르시고, 부르신 그들을 또한 의롭다 하시고, 의롭다 하신 그들을 또한 영화롭게 하셨느니라" (8:30). 먼저 죄인들을 부르셨는데, 그분의 부르심에 호응하면 의롭다 하심을 받는다. 그 이유는 간단하다! 예수 그리스도가 십자가에서 속량과 화목제물이 되기 위하여 죽으셨기 때문이다.

그런 이유 때문에 바울 사도는 로마서에서 죄론을 그처럼 상세히 그리고 조목조목 다룬 후 구원론을 제시하였다. 그 구원론의 핵심은 두말할 필요도 없이 예수 그리스도의 죽음과 부활이었다. 왜 그분은 그렇게 죽으셨는가? 한 마디로 말해서, 그분은 사랑의 화신이기 때문이다. 하나님은 본래 사랑이시었는데 (요일 4:8, 16), 그분의 형상대로 이 세상에 오신 예수 그리스도의 모습도 두말할 필요 없이 역시 사랑이었다.[27]

예수 그리스도의 희생을 통하여 하나님의 형상이 회복된 인간의 모습은 문자 그대로 '즐거움'이었다. 물론 그런 희생이 자동적으로 모든 죄인에게 전가되는 것은 아니다. 아브라함처럼 믿음으로 하나님의 선물인 예수 그리스도를 그의 구세주로 받아들여야 한다. 왜냐하면 하나님이 깨어진 형상을 회복하기 위하여 필요한 모든 조처를 취하셨기 때문이다. 죄인이 할 수 있는 것은 손을 내밀어 그 엄청난 선물을 받는 것이었다.

그렇다면 그렇게 의롭다 하심을 받은 그리스도인의 형상은 완전히 회복되었는가? 물론 아니다! 하나님이 형상이 완전히 회복되기 위해서는 주님이 다시 오실 영광의 때를 기다려야 한다. 그런 이유 때문에 바울 사도는 이렇게 말했다, "…의롭다 하신 그들을 또한 영화롭게 하셨느니라." '영화롭게 하였다'는 말씀의 뜻은 예수 그리스도가 다시 오실 때 그들 안에 있는 하나님의 형상이 완전히 회복된다는 말이다.

바울 사도는 종말의 때에 완전히 회복될 하나님의 형상이 현재에도 계속해서 변화되어야 한다고 말했다. 그의 말을 인용해보자, "우리가 다 수건을 벗은 얼굴로 거울을 보는 것 같이 주의 영광을 보매, 그와 같은 형상으로 변화하여 영광에서 영광에 이르니 곧 주의 영으로 말미암음이니라" (고후 3:18). 이 말씀에서 '그와 같은 형상으로 변화하여'를 주목하자. 그것은 "지금도 변화되어 가고 있는 중"이라는 뜻이다.[28]

그런데 바울 사도가 위의 말씀에서 강조하는 것은 그리스도인이 점진적으로 그러나 계속적으로 예수 그리스도의 형상으로 변화되고 있는 중이라는 것이다. 그런데 바울 사도는 위의 말씀에서 매우 중요한 표현을 포함시켰는데, 곧 '주의 영으로 말미암음이니라'이다. 그렇다! 그 그리스도인이 의롭다 하심을 받을 때 그의 마음에 들어오신 성령의 도우심으로 '그와 같은 형상으로 변화하여' 간다는 것이다.

이런 변화의 과정을 성화라고 한다. 그런데 바울 사도는 성화의 과정이 그리스도인의 삶에서 너무나 중요하기 때문에 상당히 자세하게 그리고 단계적으로 설명하였다. 그 설명이 바로 구원론 후에 오는 성화론이다. 그렇다! 모든 거듭난 그리스도인은 성령의 도움심을 받아 매일 그리고 끊임없이 성화되어가야 한다. 그리할 때 그는 점차적으로 예수 그리스도의 형상을 닮아가며, 궁극적으로 하나님의 형상을 완전히 회복할 수 있다.

그렇게 일그러진 하나님의 형상이 회복되어가는 그리스도인의 삶은 세 가지 측면에서 변화되어 간다. 첫째는 하나님과의 관계인데, 그는 시간이 지날수록 하나님을 더욱 사랑해서, 더욱 많은 감사와 기도와 예배의 삶을 영위한다. 그리고 그렇게 하는 동인動因은 두말할 필요도 없이 하나님이 그 아들을 통하여 그를 구원해주신 역사에 감격하기 때문이다. 그는 갈수록 하나님의 뜻에 굴복하는 것을 기쁨으로 여긴다.

그런 굴복이 바로 하나님의 주권이다. 바울 사도는 로마서 9-11장에서 하나님의 주권을 상당히 깊이 개진하면서, 변화되는 그리스도인이라면 당연히 하나님의 주권을 조건 없이 받아들인다는 것이다. 유대인 그리스도인도 하나님이 이방인 그리스도인을 사용하시는 주권에 굴복해야 하며, 이방인 그리스도인도 하나님이 유대인을 선민으로 선택하신 절대적인 주권을 수용해야 한다는 것이다.

그렇게 변화되어가는 그리스도인의 둘째 모습은 다른 사람들과의 관계이다. 바울 사도는 로마서 12장 이하에서 인간관계를 제법 깊이 다룬다. 서로를 돌보며, 서로를 사랑하며, 서로의 희로애락을 나누는 놀라운 나눔의 삶을 살게 된다. 이런 삶이야말로 두말할 필요도 없이 하나님의 형상이 깊이 그리고 넓게 변화되어가고 있다는 실증이기도 하다. 한마디로 말해서, 서로에게 종노릇하는 삶을 영위함으로 하나님에게 영광을 돌리게 된다.

바울 사도는 로마서에서 그 형상의 변화를 설명하면서 이렇게 결론을 내렸다, "…의롭다 하신 그들을 또한 영화롭게 하셨느니라." 이 말씀에서 '영화롭게 하신다'는 말씀의 궁극적인 뜻은 예수 그리스도의 재림 때 일어나는 역사이다. 왜냐하면 그리스도인이 그 아들의 형상을 본받지만, 여전히 완성되지 못한 단계이다. 이미 시작되었지만, 아직 이루어지지 않았다는 뜻이다.

그러나 주님이 그리스도인들을 천국으로 인도하기 위하여 다시 오실 때 그들도 그리스도처럼 완전히 변화될 것이기 때문이다. 그때의 영광은 이루 다 말할 수 없다. 많은 영광 중 가장 귀한 영광은 그리스도인들이 '그 아들의 형상'을 완전히 닮는다는 것이다. 하나님이 일찍이 계획하시고, 그리스도 예수가 실천하신 구원의 역사가 완결되기 때문이다. 그날을 기대하며 고대하는 그리스도인들은 그리스도처럼 변화될 것이다.

사도 요한도 같은 맥락에서 이렇게 말했다; "보라! 아버지께서 어떠한 사랑을 우리에게 베푸사 하나님의 자녀라 일컬음을 받게 하셨는가, 우리가 그러하도다!…사랑하는 자들아 우리가 지금은 하나님의 자녀라 장래에 어떻게 될지는 아직 나타나지 아니하였으나, 그가 나타나시면 우리가 그와 같을 줄을 아는 것은 그의 참모습 그대로 볼 것이기 때문이라" (요일 3:1-2). 그렇다! 하나님의 자녀가 된 것은 시작에 지나지 않는다.

그 구원의 시작도 엄청난 은혜인데, 그 완성은 더욱 엄청나다. 그리스도인들이 '그와 같을 줄을 안다'고 하였다. 다시 말해서, 그리스도인들도 예수 그리스도처럼 그분의 형상을 완전히 닮았다는 것이다. 바울 사도는 이런 소망 때문에 이렇게 말했다, "…그 아들의 형상을 본받게 하기 위하여…그들을 또한 부르시고 부르신 그들을 또한 의롭다 하시고, 의롭다 하신 그들을 또한 영화롭게 하셨느니라" (8:29-30).

1) 이처럼 다양한 구원을 자세히 보려면 이런 저서를 참고할 수 있다: 홍성철, 『전도학 개론』, 수정 증보판, 제2쇄 (서울: 도서출판 세복, 2019), 234 이하.

2) 거룩과 사랑을 하나님의 도덕적 속성이라고 하는데, 이 두 가지를 자세히 알려면 다음을 보라: H. Orton Wiley, *Christian Theology*, 제1권 (Kansas City, MO: Beacon Hill Press of Kansas City, 1940), 365 이하.

3) Robert H. Mounce, *Romans* (Nashville, TN: Broadman & Holman Publishers, 1995), 95-96. 그뿐 아니라, 이 부분을 '스스로 의로운 자'라는 제목을 사용하여 도덕인을 지칭한 학자도 있다. Irving L. Jensen, *Romans* (Chicago: Moody Press, 1969), 28.

4) 이 두 가지 죄는 사람들의 모든 죄를 포함하며, 궁극적으로는 십계명의 두 돌판을 뜻한다. '경건치 않음'은 첫 번째 다섯 계명이며, '불의'는 두 번째 다섯 계명이다. 이를 위하여 다음을 보라, James D. G. Dunn, *Romans 1-8* (Dallas, TX: Word Books, Publisher, 1988), 55.

5) 이렇게 돌아오는 과정을 *orientation, disorientation, reorientation*의 세 단어로 표현한 학자도 있다. George E. Morris, *The Mystery and Meaning of Christian Conversion* (Nashville, TN: Discipleship Resources, 1981), 106.

6) Thomas R. Schreiner, *Romans* (Grand Rapids, MI: Baker Books, 1998), 146 이하.

7) William Barclay, *The Letter to the Romans*, 개정판 (Philadelphia, PA: The Westminster Press, 1975), 55.

8) Schreiner, *Romans*, 168.

9) 헬라어 성경에는 '그러나'를 뜻하는 *데*(δὲ)가 들어있다.

10) 헬라어로 이 단어는 *판네루*(φανερόω)인데, 그 의미는 '계시하다,' '나타내다,' '드러내다' 등이다. 이 단어의 뜻을 더 깊이 알려면 다음을 보라: 홍성철, 『거룩한 삶, 사랑의 삶: 요한일서 강해』 (서울: 도서출판 세복, 2018), 62-65.

11) 구원의 우주성을 우주적 영역(universal scope)과 우주적 적용(universal applicability)으로 설명한 학자도 있다. Paul J. Achtemeier, *Romans: Interpretation* (Atlanta, GA: John Knox Press, 1985), 66 이하.

12) 이 단어의 영어는 *redemption*이고 헬라어는 *아포류트로시스*(ἀπολύτρω-σις)이다.

13) Leon Morris, *The Apostolic Preaching of the Cross*, 제3쇄 (Grand Rapids, MI: Wm. B. Eerdman Pub. Co., 1965), 40.

14) '대속함을 받은 것'이라고 번역되었는데, 헬라어에서는 속량과 같은 단어이다. 단지 속량이란 명사형을 동사형으로 바꾼 것뿐이다.

15) 히브리어에서 명사와 동사의 철자는 같으나 발음만 다르다.

16) 그 이외의 기준에는 하나님의 말씀과 성령의 책망이 있다.

17) C. K. Barrett, *A Commentary on the Epistle to the Romans* (New York: Harper & Row, Publishers, 1957), 104.

18) 위의 책.

19) Schreiner, *Romans*, 260.

20) 예수 그리스도의 출생 전후를 BC와 AD로 나뉜 것을 보아도 그렇다.

21) 같은 책, 261.

22) 주님과 같이 변화되는 내용을 더 보려면 다음을 참고하라, 홍성철, 『거룩한 삶, 사랑의 삶』, 305 이하.

23) 국어사전편찬회편, 『국어대사전』 (서울: 민중서원, 1994), 1379.

24) 로마서 5:12에 의하면 두 가지 전가가 일어났는데, 첫 번째 전가는 죄이며 두 번째는 사망이다. 이 두 가지 전가를 깊이 알려면 다음을 보라, John Murray, *The Imputation of Adam's Sin*, 재판 (Grand Rapids, MI: Wm. B. Eerdmans Pub. Co., 1959), 65 이하.

25) Dunn, *Romans* 1-8, 396.

26) _ _ _ _ _ _ _ _ , 485.

27) 예수 그리스도의 가장 두드러진 형상의 뜻은 사랑이라고 주장한 학자가 있다. 이를 위하여 다음을 보라, Anthony A. Hoekema, *Created in God's Image* (Grand Rapids, MI: Wm. B. Eerdmans Pub. Co., 1986), 22.

28) '변화되어'는 헬라어 *메타모르무테다*(μεταμορφούμεθα)로서, 현재에도 변화되어 가고 있는 중이라는 수동형 분사형이다.

I. 서론 (1:1-17)

1. 바울이 자신을 '예수 그리스도의 종'이라고 소개했는데, 그렇게 소개한 서신이 하나 더 있다. 그 서신의 이름은 무엇이며, 그 의미는?

2. 사도의 자격은 무엇이며, 바울이 사도로 불릴 수 있는 당위성은 무엇인가?

3. 복음을 어떻게 정의하며, 그리고 복음의 열매는 무엇인가?

4. 왜 '은혜'와 '평강'이 성부와 성자로부터 주어지는가?

5. 바울은 무엇 때문에 감사하는가?

6. 바울의 중보기도를 누가 보증하신 분은 하나님인데, 그렇다면 그가 기도할 때 삼위의 하나님 가운데 누가 어떻게 도우셨는가?

7. 바울이 로마를 방문하기를 원한 이유는 무엇이었는가?

8. '구원'의 의미를 설명하고, 성경에서 사용된 '구원'의 세 가지 측면은 무엇인가?

9. '하나님의 의'가 어떻게 '우리의 의'가 될 수 있는가?

10. 하박국 2장 4절이 신약성경에서 세 번 인용되었는데, 그 의미는 무엇인가?

II. 비도덕인 (1:18-32)

1. '하나님의 진노'는 인간의 분노와 어떻게 다른가?
2. '하나님의 진노'는 '경건치 않음'과 '불의'에 대하여 나타나는데, 그것들은 십계명과 비교할수 있는가?
3. 18절에 나오는 '진리'는 무엇인가? 그 진리를 19절과 20절에서 각각 어떻게 표현하는가?
4. 비도덕인이라도 하나님에 대하여 알고 있다고 하는데, 무엇을 통하여 그리고 무엇을 아는가?
5. 하나님의 복음을 들어본 적이 없는 비도덕인은 하나님 앞에서 핑계할 수 있는가?
6. 비도덕인이 하나님을 떠나는 7단계는 무엇인가?
7. '내어 버리다'가 세 번 나오는데, 어디에다 버리는가?
8. 28-31절에 열거된 악은 몇 가지며, 그 악들을 네 분류로 나눌 수 있는가?
9. 비도덕인도 죄에 대한 심판을 인식하는가? 한다면 어떻게 반응하는가?
10. 왜 인간은 자신의 신을 만드는가?

III. 도덕인 (2:1-16)

1. '남을 판단하는 사람아'(1절)에서 '판단하는 자'와 '판단을 받는 자'는 각각 어떤 사람을 가리키는가?

2. 비도덕인에게 주어진 계시가 '만물'이라면, 도덕인에게 주어진 계시는 무엇인가?

3. '양심'에 따라 살려고 하는 도덕인의 문제는 무엇인가? (14-15절 참고)

4. 하나님의 판단 기준을 마태복음 7:1-5에서 찾을 수 있는가?

5. 그렇다면 남을 판단하는 도덕인은 왜 그처럼 큰 정죄를 받는가? (약 4:11)

6. 하나님의 심판은 무엇을 근거로 하는가? (6절)

7 하나님의 판단 기준을 본문에서 찾을 수 있는가?

8. 바울 사도는 판단 기준을 다음의 성경에서 세 가지로 제시하는데 무엇인가?

   1) 2:1-4

   2) 2:5-11

   3) 2:12-16

9. 본문에서 하나님의 판단을 9가지나 제시하는데, 그것들은 무엇인가?

10. 왜 도덕인도 예수 그리스도를 필요로 하는가?

IV. 종교인 (2:17-3:8)

1. 어떤 상황에서 율법이 주어졌는가? (출 19 참고)
2. 이 단원을 다음과 같이 세 부분으로 나눌 수 있는데, 각 부분의 요지는 무엇인가?
   1) 2:17-24
   2) 2:25-29
   3) 3:1-8
3. 유대인의 4가지 특권은 무엇인가?
4. 유대인의 이방인에 대한 태도 네 가지는 무엇인가?
5. 유대인이 스스로를 기만하는 네 가지는 무엇인가?
6. 율법과 할례의 관계는 무엇인가? (갈 5:3 참고)
7. 율법을 지키려는 유대인은 저주 아래 있다고 하는데 (갈 3:13), 그렇다면 유대인은 언제부터 저주 아래로 내려가는가?
8. 율법과 할례라는 무거운 짐을 지고 있는 유대인의 특권은 무엇인가?
9. 궁극적으로 유대인도 구원을 받는가? 받는다면 어떻게 받는가?
10. 종교인도 예수 그리스도의 복음이 필요한 이유는 무엇인가?

V. 온 세상의 정죄 (3:9-20)

1. '죄 아래 있다'는 표현은 누구를 가리키며, 그 뜻은 무엇인가?
2. 이 선언을 뒷받침하기 위하여 10-18절에서 구약을 인용하는 이유는 무엇인가?
3. 10-12절의 내용은 시편 14:1-3의 인용인데, 어떤 사람에게 주어진 말씀인가?
4. 10-12절에서 다음의 표현에 맞는 설명을 연결해보라.

    '의인은 없나니 하나도 없으며' •   • 영적 타락

    '깨닫는 자도 없고' •   • 지적 타락

    '하나님을 찾는 자도 없고' •   • 심적 타락

    '다 치우쳐 한 가지로 무익하게 되고' •   • 사회적 타락

    '선을 행하는 자는 없나니 하나도 없으며' •   • 도덕적 타락

5. 10-12절은 우주적 타락을 묘사한다면, 13-18절의 내용은 개인의 타락을 보여준다. 개인의 타락에서 사용된 몸의 기구를 열거하라.
6. 왜 언어를 구사하는 입에 대하여 그처럼 강조하는가?
7. 19-20절에서 다섯 가지 내용을 찾아보라.
8. 10-18절의 내용이 완전 타락을 묘사한다면, 19-20절은 무엇을 묘사하는가?
9. 율법의 중요한 목적은 무엇인가?
10. 바울 사도는 왜 복음을 제시하기 전에 심판을 제시하는가?

VI. 예수 그리스도의 죽음 (3:21-31)

1. 죄론에서 구원론으로 전환하는 첫 단어는 무엇이며, 어떤 의미를 갖는가?
2. '하나님의 의'는 갑자기 나타났는가? 누가 그리고 어떻게 증언했는가?
3. '율법 외에'라는 표현의 의미는 무엇인가?
4. 24-26에서 중요한 네 단어가 나오는데 그 의미는 무엇인가?
   1) 속량
   2) 피
   3) 화목제물
   4) 간과
5. 하나님의 공의와 은혜가 어떻게 십자가에서 만났는가? (25-26절 참고)
6. '의롭다 하심'의 의미는 무엇인가?
7. 21-31절에서 '의'가 들은 단어와 '믿음'이 들은 단어를 전부 찾아보고, 그 관계를 설명해자.
8. 27-30절에서 믿는 자들이 자랑할 수 없는 네 가지 이유는 무엇인가?
9. 율법을 파기할 수 없는 이유는 무엇인가?
10. '내'가 십자가에 처음 나와서 의롭다 여기심을 받은 경험을 되새겨보자.

VII. 아브라함의 믿음 (4:1-25)

1. 4장 전체를 네 단원으로 나눈 후 제목을 붙여보자.
2. 아브라함의 생애를 그린 창세기 12-22장을 다시 읽는데, 특히 12장, 15장, 17장 및 22장을 믿음과 연결시키보자.
3. 아브라함은 구체적으로 무엇을 믿음으로 의롭다 하심을 받았는가?
4. 아브라함이 의롭다 여기심을 받고 몇 년 후 할례를 받았는가?
5. 아브라함이 의롭다 하심을 받고 얼마나 세월이 흘러서 율법이 주어졌는가?
6. 아브라함은 어떤 하나님을 믿었는가? (17-18절 참고)
   1)
   2)
   3)
7. 아브라함의 믿음이 몇 단계로 묘사되었는가? (19-22)
8. 아브라함의 궁극적인 믿음은 무엇이었는가? (히 11:17-19, 약 2:21-22)
9. 우리는 예수 그리스도의 죽음과 부활을 믿음으로 의롭다 하심을 받는다. 그렇다면 아브라함의 믿음과 우리의 믿음 사이에 차이점이 있는가?
10. 왜 아브라함은 유대인과 이방인에게 똑같이 믿음의 조상인가?

VIII. 구원 (5:1-11)

1. 믿음으로 의롭다 하심을 얻을 때 화평과 은혜와 영광의 소망을 선물로 받았는데, 특히 화평이 종말론적인 이유는 무엇인가?
2. 구원을 받을 때 주어지는 '즐거움'이 세 번 나오는데, 세 가지 시제와 연관시켜보라.
3. 구원받은 사람은 환난 중에도 어떻게 즐거워할 수 있는가?
4. 환난과 인내와 연단의 관계를 어떻게 설명할 수 있는가?
5. 구원받은 사람이 환난을 당할 때 성령은 어떻게 도우시는가?
6. 5:1-5절이 주관적 확신이라면, 5:6-11은 어떤 확신인가?
7. 구원받을 때 내주하신 성령은 십자가에서 죽으신 예수 그리스도를 부각시키는데, 그 이유는 무엇인가?
8. 십자가에서 경건치 않은 자를 위하여 예수님이 죽으셨는데, '경건치 않다'는 것은 어떤 뜻이며, 왜 경건치 않게 되었는가?
9. '경건치 않은 자'와 '죄인'과 '원수'를 위하여 예수님이 십자가에서 죽으셨는데, 이처럼 묘사된 세 가지는 서로 어떻게 관련되어 있는가?
10. 예수 그리스도의 죽음은 과거의 믿음의 핵심인데, 현재와 미래에는 어떻게 영향을 끼치는가?

IX. 성화의 첫 단계: 원죄의 해결 (5:12-21)

1. 5장 12절부터 자범죄가 아닌 원죄를 다룬다는 사실을 어떻게 알 수 있는가?

2. 아담의 죄가 인간에게 전가된 사실을 바울 사도는 어떻게 표현했는가?

3. 아담은 죄 때문에 죽음을 맛보았는데, 그 죽음이 인간에게도 전가되었는가?

4. 죄를 지적하기 위하여 율법이 주어졌는데, 왜 율법이 있기 전에도 죄를 지은 사람은 심판을 받았는가?

5. 율법으로 인하여 인간의 범죄가 드러나서 심판을 받을 수밖에 없다. 그런데 어떻게 그 죄인이 구원을 받을 수 있는가?

6. 바울 사도는 왜 아담을 예수 그리스도와 대조했는가?

7. 아담과 예수 그리스도를 순종과 불순종의 대명사처럼 사용했는데, 그 이유는 무엇인가?

8. 예수 그리스도는 죄인의 심판을 받으시고 십자가에서 죽으셨다가 부활하셨는데, 그분의 생명은 믿는 자에게도 전가되는가?

9. '넘치다'는 동사가 세 번 나오는데 (15, 17, 20절), 무엇이 넘쳤다는 말인가?

10. '죄가 더한 곳에 은혜가 더욱 넘쳤다'는 말씀은 어떤 의미인가?

X. 성화의 둘째 단계: 자아의 해결 (6:1-23)

1. 바울 사도는 '우리가 죄에 대하여 죽었다'고 선언했는데 (6:2), 언제 우리가 죽었는가?

2. 왜 세례가 죽음과 부활을 상징하는가?

3. '우리가 함께 연합했다'는 것은 누구와 또 어떻게 연합되었다는 뜻인가? (6:5)

4. 6:1-11에서 '안다'는 동사가 세 번 나오는데 (3, 6, 10절), 구체적으로 무엇을 안단 말인가?

5. 바울 사도는 11절에서 우리 자신을 어떻게 여기라고 충고했는가?

6. 바울 사도는 왜 우리 자신을 하나님에게 드리라고 부탁했는가? 그리고 '자신'의 뜻은 무엇인가?

7. '지체'도 드려야 하는데, 지체는 무엇을 뜻하며 또 언제 드려야 하는가?

8. '지체를 의에게 내주면' 거룩함에 이른다고 했는데, 그것을 어떻게 성화와 연결시킬 수 있는가?

9. '그 때'를 '이제'와 대조시켰는데 (21-22절), 그 뜻은 무엇인가?

10. 바울 사도는 23절에서 왜 '사망'과 '영생'을 대조했는가?

XI. 성화의 셋째 단계: 율법과 계명의 해결 (7:1-25)

1. 바울 사도가 1절에서 '법'을 말했는데, 무슨 법인가? 그리고 법에는 어떤 법들이 있는가?

2. 아내가 남편을 떠나 다른 남자에게 갈 수 없는데, 합법적으로 갈 수 있는 방법은 무엇인가?

3. 구원받은 사람은 어떻게 율법에서 벗어났는가?

4. 십계명과 바울 사도가 개인적으로 적용한 계명은 어떻게 다른가?

5. '탐내지 말라'는 금령은 십계명에 포함된 율법이다. 그러나 바울 사도를 괴롭게 한 '탐내지 말라'는 율법이라기보다는 개인에게 적용되는 계명이다. 율법에서 '탐내지 말라'와 개인적으로 적용된 '탐내지 말라'는 어떤 차이가 있는가?

6. 왜 율법과 계명이 거룩하고 선한가?

7. 바울 사도는 왜 원하는 것을 하지 못하고 원하지 않는 것을 했는가?

8. '내 육신에 선한 것이 거하지 않는다'는 고백이 왜 성화의 과정에서 그렇게 중요한가?

9. 바울 사도 안에 있는 두 지체 간의 싸움을 묘사하라.

10. '사망의 몸'에서 건져낼 분은 누구이며, 또 언제 완전한 건 져냄이 이루어지는가?

XII. 성화의 넷째 단계: 육신의 해결 (8:1-39)

1. 왜 '그리스도 예수 안에 있는 자'에게 정죄함이 없는가?
2. 육신의 생각과 영의 생각으로 인하여 각각 무엇이 찾아오는가?
3. 육신의 생각은 왜 하나님과 원수가 되는가?
4. '종의 영'과 '양자의 영'을 어떻게 대조해서 설명할 수 있는가?
5. 우리가 하나님의 자녀인 사실을 증언하는 성령의 증언은 구체적으로 무엇인가?
6. 구원받은 사람이 고난을 받을 때 어떻게 극복할 수 있는가?
7. 우리가 하나님에게 기도할 때 성령과 예수 그리스도는 각각 어떻게 도우시는가?
8. 우리가 '그 아들의 형상을 본받기' 위하여 하나님은 어떤 역사를 이루셨는가?
9. 하나님이 우리를 위하신다면 어떤 확신을 가질 수 있는가?
10. 우리가 어떻게 많은 어려움 속에서도 '넉넉히 이길 수' 있는가?

참고도서

Achtemeier, Paul J. *Romans: Interpretation*. Atlanta, GA: John Knox Press, 1985.

Barclay, William. *The Letter to the Romans*, 개정판. Philadelphia, PA: The Westminster Press, 1975.

Dunn, James D. G. *Romans 1-8*. Dallas, TX: Word Books, Publisher, 1988.

Elwell, Walter A. ed., *Evangelical Dictionary of Theology*, sv. "call" by H. H. Rowley. Grand Rapids, MI: Baker Book House, 1984.

Hoekema, Anthony A. *Created in God's Image*. Grand Rapids, MI: Wm. B. Eerdmans Pub. Co., 1986.

Jensen, Irving L. *Romans*. Chicago: Moody Press, 1969.

Morris, George E. *The Mystery and Meaning of Christian Conversion*. Nashville, TN: Discipleship Resources, 1981.

Morris, Leon. *The Apostolic Preaching of the Cross*, 제3쇄. Grand Rapids, MI: Wm. B. Eerdman Pub. Co., 1965.

Mounce, Robert H. *Romans*. Nashville, TN: Broadman & Holman, 1995.

Moo, Douglas J. *The NIV Application Commentary, Romans*. Grand Rapids, MI: Zondervan, 2000.

_____. *The Epistle to the Romans*. Grand Rapids, MI: Wm. B. Eerdmans Pub. Co., 1996.

Murray, John. *The Imputation of Adam's Sin*, 재판. Grand Rapids, MI: Wm. B. Eerdmans Pub. Co., 1959.

Shreiner, Thomas R. *Romans*. Grand Rapids, MI: Baker Books, 1998.

홍성철. 『거룩한 삶, 사랑의 삶: 요한일서 강해』. 서울: 도서출판 세복, 2018.

_____. 『전도학 개론』, 수정 증보판, 제2쇄. 서울: 도서출판 세복, 2019.